Vorbereiten auf Ausbildung und Beruf

DEUTSCH

Ilona Abel-Utz
Claudia Baller
Hans Löbner
Sigrid Rathgens

unter Mitarbeit der Verlagsredaktion

westermann

1. Auflage, 2009

Druck 2, Herstellungsjahr 2010

Westermann Schroedel Diesterweg Schöningh Winklers GmbH, Braunschweig

www.westermann.de

Redaktion: Elisabeth Gräfe

Verlagsherstellung: Harald Kalkan

Layout-Konzept: boje5 Grafik & Werbung, Braunschweig

Satz: Sperling Info Design GmbH, Gehrden

Illustration: Sperling Info Design GmbH, Gehrden

Druck und Bindung: westermann druck GmbH, Braunschweig

ISBN 978-3-14-**290530**-3

Vorwort und Nutzerhinweise

Dieses Buch soll jungen Erwachsenen beim Festigen und Weiterentwickeln ihrer Kompetenzen im Fach Deutsch helfen. Es ist Bestandteil der Reihe „Vorbereiten auf Ausbildung und Beruf" und wurde speziell für alle Formen der Berufausbildungsvorbereitung entwickelt.

Die Inhalte basieren auf den Bildungsstandards der Kultusministerkonferenz für den Hauptschulabschluss. Das vorliegende Buch eignet sich so für die Vorbereitung auf einen Hauptschulabschluss. Es dient aber auch der gezielten Festigung und Weiterentwicklung der Hauptschulkenntnisse. Somit bereitet es bestens auf spezielle Abschlusstests in den unterschiedlichen Maßnahmen zur Berufsausbildungsvorbereitung vor.

Jedes Kapitel beginnt mit einer Übersichtsseite. Sie informiert über den zu erwartenden Inhalt und soll Interesse wecken. Die Inhalte der einzelnen Kapitel bilden einen – möglichen – Gang durch einen Kurs. Die fachlichen Inhalte werden an lebensnahen und berufsbezogenen Materialien und Texten – vorwiegend der Gegenwartsliteratur – dargestellt. In den Zusammenfassungen am Ende eines Kapitels sind die wesentlichen Inhalte nach den Bildungsstandards übersichtlich aufgeführt.

Im Interesse der besseren Lesbarkeit wurde in diesem Buch meist nur die männliche Form verwendet. Selbstverständlich sind immer beide Geschlechter angesprochen.

Die Autoren und der Verlag sind für Hinweise und Verbesserungsvorschläge jederzeit aufgeschlossen und dankbar.

Autoren und Verlag

In diesem Buch werden immer wiederkehrende Symbole und Elemente verwendet. Sie dienen dazu, den Überblick zu behalten:

Aufgaben | Lesetexte | Zusatzinformationen und -aufgaben | Zusammenfassungen | Informationen | Merksatz

Inhaltsverzeichnis

1 Schreiben früher

Deutsch kann jeder

... stimmt das?

Es stimmt, denn jede und jeder, die oder der dieses Buch in die Hand nimmt, kann deutsch sprechen und schreiben.

Und doch stimmt es nicht ganz. Weil die deutsche Sprache und Literatur so vielfältig sind, beherrscht sie kein Mensch bis in den letzten Winkel.
Es gibt also viel zu entdecken.

Oft fallen einem bei dem Stichwort **Deutsch** staubige Bücher oder unverständliche Gedichte ein. Das muss nicht so sein, wie dieses Buch zeigt. Viele Autoren beschäftigen sich mit unserer Gegenwart. Und sogar uralte Texte können aktuell sein.

Im eigenen Alltag und im weiten Feld der Berufe gibt es viele Gelegenheiten, die deutsche Sprache und Literatur zu erleben, zu erforschen – und selbst weiterzuentwickeln.

Entwickeln Sie sich weiter als:
- Wortfinder – die deutsche Sprache bietet unendlich viele Möglichkeiten, die Sie nur nutzen müssen.
- guter Zuhörer – das macht beliebt.
- Vortragender – Sie können andere überzeugen.
- Dichter – das glauben Sie nicht? Versuchen Sie es.
- Berichterstatter – Sie informieren andere über Dinge, Personen und Ereignisse.
- Schreiber – Sie verfassen professionell Briefe.
- und vieles mehr ...

Ein Stück Arbeit bleibt dabei nicht aus. Rechtschreibung, korrekter Satzbau und äußere Form werden allgemein sehr geschätzt.

Aber das sind keine tief verborgenen Geheimnisse. Für vieles gibt es Regeln, die man lernen kann. Wichtige Regeln werden hier vorgestellt, und es gibt Übungen zu ihrer Anwendung.

2 Schreiben heute

Es bringt jeden Menschen im Alltag und bei der Arbeit voran, sich gut auszudrücken, verständlich und richtig zu reden und zu schreiben.

Ihre Hörer und Leser werden es schätzen, wenn auf Anhieb zu erkennen ist, was Sie sagen wollen. Ob Freunde Ihre Postkarte aus dem Urlaub bekommen oder der zukünftige Arbeitgeber Ihre Bewerbung liest:
Die Empfänger werden Sie richtig verstehen und gerne aufnehmen, was Sie sagen. Denn Ihre Leser werden nicht durch Fehler oder Unklarheiten auf eine falsche Fährte gelockt. Sie können sofort das Wichtige erkennen und darauf antworten.

Wir möchten Sie dabei unterstützen, Ihre Ziele zu erreichen. Und wir hoffen, dass Sie unterwegs Freude an der Vielfalt der deutschen Sprache und Literatur haben werden.

Auf Ihre Rückmeldungen sind wir gespannt.

Ihr Autorenteam

Von Männern und Frauen

Bezeichnungen für Personen haben meist zwei Formen, mit denen das Geschlecht gekennzeichnet wird: der Schüler – die Schülerin/der Lehrer – die Lehrerin.

Eindeutig ist „Schülerin“, das bezeichnet eine weibliche Person. Mehrdeutig ist „Schüler“ und noch mehr „die Schüler“.
Mit „die Schüler“ können nur die männlichen Schüler, aber auch die weiblichen und männlichen Schüler zusammen gemeint sein.

Es gibt verschiedene Möglichkeiten, genau zu sagen, wer gemeint ist. Formulierungen, die Männer und Frauen ausdrücklich nennen, sind zum Beispiel: Schülerinnen und Schüler, SchülerInnen, Schüler/-innen.

Wir haben für dieses Buch entschieden, oft allein die grammatisch männliche Form zu verwenden. Das dient aber nur der Übersichtlichkeit und der Kürze der Texte. Es sind damit Frauen und Männer angesprochen.

Vom Ich zum Wir 1

1.1 Wer bin ich? Ich bin wer!

Was interessiert andere an mir?
Was gebe ich von mir preis?

1.2 Alles ist anders

Neue Schule – neues Glück?
Wie helfe ich mir selbst?

1.3 Gemeinsam handeln

Wie verständige ich mich?
Habe ich alle Sinne beieinander?

1.4 Teamfähigkeit einüben

Hören
Zuhören
Sehen

1 Interview

2 Fragebogen

1.1 Wer bin ich? Ich bin wer!

Viele Menschen fühlen sich in einer neuen Gruppe unsicher. Sie sind allein, der Schutz einer bekannten Gemeinschaft fehlt, die Freunde sind oft in alle Winde verstreut. Jeder hat die Chance, neu anzufangen. Dies beginnt mit der Vorstellung: Jeder bestimmt selbst, was er von anderen wissen will und von sich selbst preisgibt.

Auch wenn plötzlich alles anders ist, besteht kein Grund zur Panik. Im Gegenteil: Der neue Lernort und die neuen Lehrer ermöglichen, neue Methoden und Arbeitsweisen auszuprobieren. Dann stellt sich auch bald wieder die vertraute Routine ein.

Teamarbeit in der neuen Gruppe kann eingeübt werden. Dafür gibt es bestimmte Verhaltens- und Gesprächsregeln. Hilfreich ist es auch, seinen Körper und bestimmte Signale des eigenen und fremden Körpers zu kennen.

Andere fragen

Wer mehr über andere erfahren will, fragt sie.

Eine Form der Befragung ist das Interview 1: Ein Fragesteller will von einem Befragten persönliche Informationen, Meinungen oder Sachverhalte ermitteln.

Die Befragung kann mit einem Fragebogen 2 oder im Gespräch durchgeführt werden. Dazu bereitet der Fragesteller seine Fragen vor. Dies verhindert, dass er die Fragen vergisst oder sich in Geschwätz verliert. Spontane Zwischenfragen sind neben den vorbereiteten Fragen erlaubt.

Im Fragebogen gibt es im Wesentlichen zwei Antwortmöglichkeiten:

- mehrere Antworten sind vorgegeben, eine oder mehrere werden angekreuzt oder
- der Befragte schreibt seine Antwort eigenständig auf dem Fragebogen auf. Das ist persönlicher, macht aber mehr Arbeit bei der Auswertung.

3 Beispiel für einen Steckbrief

Sich vorstellen

Es gibt verschiedene Gelegenheiten, bei denen man sich vorstellt: Schule, Party, Sportverein. Je nach Gelegenheit verrät jemand mehr oder weniger über sich.

AUFGABE

1. Nennen Sie weitere Gelegenheiten, bei denen Sie sich vorstellen. Welche Informationen geben Sie jeweils von sich preis?

Ein Steckbrief 3 erleichtert das Kennenlernen der Mitschüler. Er enthält zum Beispiel Informationen über

- Name,
- Alter,
- Wohnort,
- Herkunftsland,
- Hobbys,
- Berufswunsch.

Der Steckbrief ist in Stichworten abgefasst und wird aufgehängt.
Steckbriefe können selbst oder von anderen verfasst sein.

AUFGABE

2. Interviewen Sie Ihre neuen Lehrer. Sammeln Sie dafür mindestens zehn passende Fragen und stellen Sie einen Fragebogen zusammen.

3. Sammeln Sie in einer Gruppe Fragen, die Sie Ihren Mitschülern stellen wollen. Denken Sie sich jeweils noch zwei eigene Fragen für das Interview aus.

Interviewen Sie sich gegenseitig, und stellen Sie anschließend Ihren Gesprächspartner vor.

4. Überlegen Sie weitere Informationen, die Sie in einem Steckbrief veröffentlichen möchten.

Gestalten Sie für eine Wandzeitung einen ansprechenden Steckbrief mit einem Bild, in dem Sie sich vorstellen.

1 Aktenordner

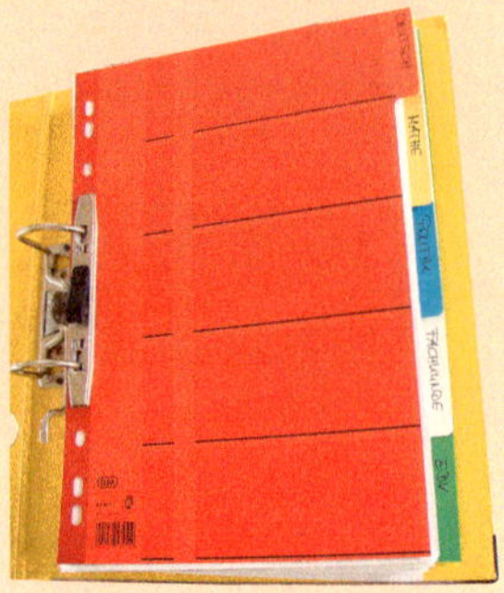

2 Register

Fach: Deutsch		
Nummer	Titel	Datum
1	Vorstellung: Wann, wo und wie?	9.9.20..
2	Fragebogen für einen Mitschüler	11.9.20..
3	Fragebogen für den Deutschlehrer	12.9. 20..
4	Mein Steckbrief	12.9. 20..
5	Muster eines Inhaltsverzeichnisses	14.9.20..
6	Phil Bosmans: Menschen in der Stadt	15.9.20..
7	Recherche: Die Geschichte meiner Schule	16.9.20..
8		
9		
10		
11		
12		
13		

3 Inhaltsverzeichnis

Ordnung schaffen

In vielen Betrieben erhalten die Mitarbeiter Prämien, wenn sie mit ihren Ideen den Arbeitsablauf verbessern. Manches spart Zeit und Geld: ein markierter Platz für den Besen, die geordnete Ablage des Werkzeugs, der aufgeräumte Arbeitsplatz, das Register für die systematische Ablage der Geschäftsbriefe.

Wer suchen muss, verschwendet Zeit.

Tipp 1: Ordner anlegen

Arbeitsblätter müssen sortiert werden. Ein schmaler Aktenordner 1 für die Schule erhält verschiedenfarbige Register 2. Jedes Register trennt die Unterlagen eines Faches von den Unterlagen eines anderen: Deutsch, Mathematik, Computeranwendung, ...

Dem Register folgt das Inhaltsverzeichnis 3 mit Spalten für laufende Nummern, Titel, Datum. Auf jedes Blatt, das der Lehrer verteilt, schreibt man die laufende Nummer und das Datum und heftet es ab. Im Verzeichnis werden die Daten des Arbeitsblattes in die entsprechenden Spalten übertragen.

Ein größerer Ordner steht zuhause, in den mindestens alle zwei Wochen die Materialien des Schulordners einsortiert werden.

Tipp 2: Schreibtisch aufräumen

Jeder beginnt seine Arbeit lieber an einem aufgeräumten Schreibtisch als im Chaos. Der Schreibtisch sollte nach jeder Arbeit aufgeräumt werden. Die notwendigen Arbeitsunterlagen und Werkzeuge befinden sich in der Nähe, der Schreibtisch hat genug freie Arbeitsfläche.

AUFGABE

1. Legen Sie zwei Ordner für Ihre Unterlagen an. Gestalten Sie am PC ein Inhaltsverzeichnis.

Menschen in der Stadt

Phil Bosmans

Haus an Haus, Wohnung an Wohnung.
So viele Namensschilder,
wohlversorgte Namensschilder.
Menschen, die keiner kennt.
Sie sehen sich.
Sie stehen im Aufzug zusammen.
Man starrt vor sich hin.
Man weiß:
Da ist einer,
so wie man weiß:
Da ist ein Klotz,
den darf man nicht anrennen.
Menschen in der Stadt. Allein.

Tipp 3: Aufgaben eintragen

Der Stundenplan ist immer greifbar auf den Innendeckel des Schul- und Hausordners geklebt. Termine und Hausaufgaben werden immer gleich in einen Kalender eingetragen.

Tipp 4: Arbeitsmittel bereitstellen

Das Etui mit Stiften und Lineal, Ordner und Papier müssen täglich überprüft werden. Alles sollte vollständig sein und funktionieren. Wer seine Tasche in Ruhe am Abend packt, muss nicht befürchten, etwas zu vergessen.

AUFGABE

2. Besorgen Sie mit Ihren Mitschülern die Gegenstände, die in den Tipps 1 bis 4 genannt werden. Gestalten Sie in einer Ecke Ihres Klassenzimmers eine Ausstellung, in der Sie die Tipps mit echten Gegenständen oder in einer Fotoausstellung veranschaulichen.

Gedichte fühlen

Ein Gedicht ist ein Text in besonderer sprachlicher Form. Gedichte drücken häufig unmittelbar Gefühle und Gedanken aus. Sie sind oft sinnbildlich und rhythmisch, gereimt und mit Musik verbunden. Viele halten Gedichte für schwer verständlich. Tatsächlich hören sie täglich Gedichte in Form von Songtexten („Lyrics“).

AUFGABE

3. Welche Grundstimmung vermittelt „Menschen in der Stadt“?

4. Geben Sie den Inhalt des Gedichts mit eigenen Worten wieder.

5. Was versteht Bosmans unter den „wohlversorgten Namensschildern“ und dem „Klotz“, den man nicht „anrennen“ darf?

6. Was will Bosmans mit dem Gedicht erreichen?

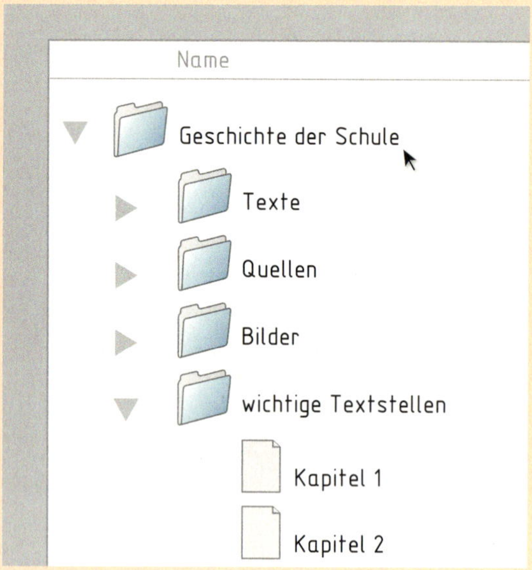

1 Ordnungssystem im PC

2 Ablage im Schnellhefter

Infos recherchieren

Es ist hilfreich, seinen neuen Lernort zu kennen. Wer seine Arbeitsumgebung kennt, fühlt sich wohl und sicher.

Informationen lassen sich recherchieren.

Recherche
- bezeichnet das eigenständige Beschaffen von Informationen,
- erfordert eine Gliederung,
- sucht Informationen zum Thema, beurteilt und wertet diese Infos aus.

Jede Recherche braucht Vorbereitungen. Damit die Informationen nicht verloren gehen, müssen sie gesammelt und geordnet werden. Dies kann am Computer 1 oder mit Mappen 2 geschehen.

Vorgehensweise:
- verschiedene Ordner anlegen,
- Texte mit Quellenangabe/Link in den Textordner ablegen,
- Qualität der Texte kurz bewerten,
- Bilder-/Grafikordner anlegen, wichtige Stellen der Texte hineinkopieren.

Informationen gibt es
- in Lexika, Büchern, Prospekten, Zeitschriften und Zeitungen,
- im Internet über Suchmaschinen, Metasuchmaschinen (z. B. www.metager.de),
- in Online-Zeitungen,
- von Beteiligten oder
- in Archiven.

Für den Vortrag und die Präsentation müssen Informationen ausgewertet und aufbereitet werden.

AUFGABE

1. Recherchieren Sie die Geschichte Ihrer Schule.

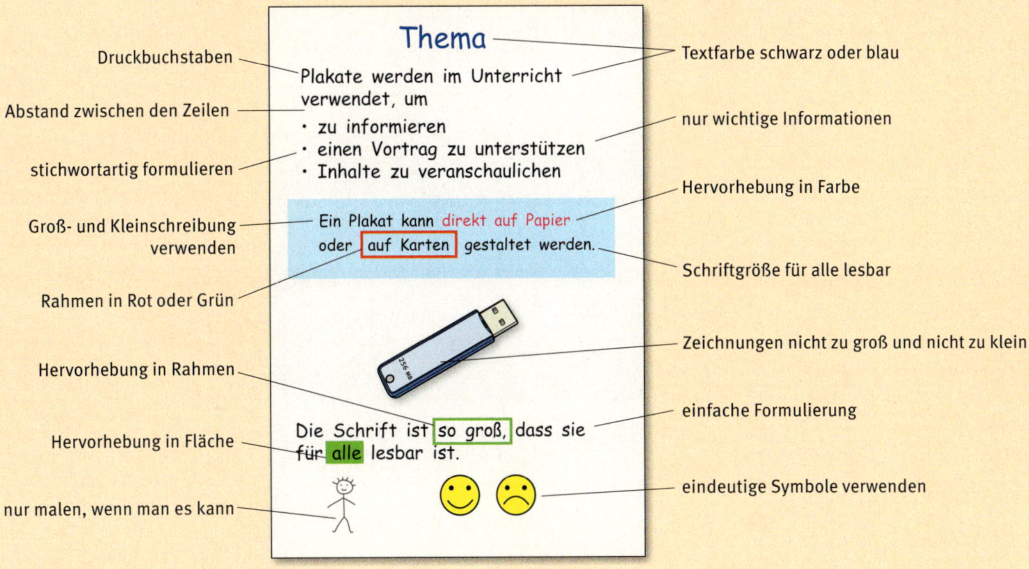

3 **Prinzipien der Veranschaulichung**

Ein Plakat gestalten

Im Unterricht sollen Plakate Inhalte veranschaulichen, informieren und manchmal einen Vortrag unterstützen. Oft sind Plakate unübersichtlich, überladen oder nicht lesbar, weil bestimmte Gestaltungsgrundsätze nicht beachtet werden.

Wer Inhalte wirkungsvoll präsentieren will, muss sich Gedanken über die Struktur, die Gestaltung der Schrift und über den Einsatz von Bildern und Grafiken machen.

Vor der Herstellung des Plakats stehen die Planung und Skizze.

Einige Fragen müssen geklärt sein:
- Was soll auf das Plakat?
- Wie teile ich das Plakat auf?
- Klebe, schreibe oder drucke ich?
- Welche Materialien kann ich verwenden? (Papierbogen, dicke farbige Edding-Stifte, Kärtchen usw.)
- Wo hänge ich das Plakat auf?

AUFGABE

2. Übertragen Sie die Tabelle 1 in Ihr Heft, und ordnen Sie die Prinzipien 3 in die Tabelle ein.

3. Gestalten Sie ein Plakat zu dem Gedicht „Menschen in der Stadt“ von S. 11. Es sollte mindestens fünf Bilder enthalten, die mit passenden Textstellen aus dem Gedicht handschriftlich beschriftet sind.

4. Ergänzen Sie das Plakat mit drei eigenen Gedanken zum Thema Menschen in der Stadt. Beachten Sie bei der Gestaltung die Prinzipien der Veranschaulichung.

Tab. 1: Prinzipien der Veranschaulichung

strukturierte Darstellung	lesbare Schrift	Bilder einsetzen
Arbeit auf Karten oder direkt auf Papier	Regeln zur Schrift beachten	
...	...	

Christine Kranz, Leiterin des Vorleseklubs der Stiftung Lesen:

37 Prozent aller Kinder bekommen nie vorgelesen. Vorlesen hat mehrere Funktionen: Der vorlesende Vater oder die vorlesende Mutter sind wichtige Vorbilder. Ein Kind fängt an zu lesen, weil es Spaß macht. Dieser Spaß muss aktiv vermittelt werden. Vorlesen ist immer gut, weil man sich beim Vorlesen nahe kommt. Eltern, die über den Tag wenig Zeit haben, kommen beim Vorlesen zur Ruhe. Es ist für den Kontakt und zum Austausch mit dem Kind gut. Anders als beim Selberlesen kann man beim Vorlesen fragen, sich darüber unterhalten, sich austauschen. Das ist aktive Sprachförderung von beiden Seiten und macht Kindern Spaß.

1 Vorlesen

1.2 Alles ist anders

Veränderungen

Mit dem Wechsel in eine neue Lernumgebung verändert sich der Alltag.

Veränderungen sind auch Teil der Entwicklung zum erwachsenen Menschen. Im Alter zwischen 14 und 20 Jahren wandelt sich das Leben besonders eindrücklich.

Häufig scheitern ein Schulabschluss oder die Bewerbung daran, dass man nicht gut lesen, rechnen oder schreiben kann.

Lesen kann verbessert werden. Verschiedene Möglichkeiten, um das Lesen zu verbessern, sind:

- Text unterhalb der Lesezeile mit einem Blatt abdecken,
- nur mit den Augen lesen (kein Lesefinger),
- täglich einen kleinen Text vorlesen,
- lesen, was Spaß macht:
  - Comics,
  - Bücher mit Bildern, großer Schrift,
  - Zeitschriften,
- mit Betonung lesen.

Neue Gegebenheiten ermöglichen jedem, aus der alten Rolle zu schlüpfen, sich neu auszuprobieren und zu verbessern.

AUFGABE

1. Wurde Ihnen vorgelesen?
2. Welche Funktionen hat das Vorlesen im Text oben?
3. Beschreiben Sie 1. Achten Sie dabei besonders auf die Mimik und Gestik der beiden Personen.
4. Schule – Freizeit – Eltern – Beruf: Wie veränderte der Wechsel Ihr Leben? Erzählen Sie.

Auf Umwegen zum Ziel

Florian Draebecke

Ich erinnere mich sehr gern an den Kindergarten und die Schulzeit bis zur sechsten Klasse. Meine schulischen Leistungen waren in Ordnung und ich hatte Freunde, mit denen ich meine Freizeit verbracht habe. Das Lernen fiel mir leicht.
Deshalb wechselte ich auf die integrierte Gesamtschule in den Leistungskurs.
Aber bereits nach einem halben Jahr musste ich den Leistungskurs verlassen. Ich hatte einfach keine Lust mehr zu lernen. Die Schule war langweilig. Es war viel interessanter, mit meinen neuen Kumpels durch die Stadt zu ziehen. Wenn die Eltern nicht zu Hause waren, spielten wir den ganzen Tag am Computer. Schulfächer wie Geografie und Geschichte waren öde. Wozu? Geschichte war früher, mich interessierten die Zukunft, die Computer und das Transportieren von Daten. Geografie hatte für mich etwas mit fernen Ländern zu tun, aber verreisen konnte ich nicht, dazu hatte meine Familie nicht die finanziellen Möglichkeiten. Ich habe fast ein halbes Jahr die Schule geschwänzt. Die integrierte Gesamtschule musste ich verlassen.
Ich kam auf eine Sekundarschule in eine Hauptschulklasse. Auch dort war die Lust auf das Lernen noch nicht wieder da, alles nur Theorie. Meine Eltern und vor allem Oma und Opa versuchten mich zu überzeugen, regelmäßig in die Schule zu gehen. Ich habe den Sinn des Lernens nicht erkannt und hatte vergessen, dass Lernen Spaß machen kann, auch wenn es anstrengend ist.
Den Hauptschulabschluss schaffte ich nicht. Nur mit einem Abgangszeugnis habe ich die Schule verlassen.
Langsam wurde mir die Sache peinlich. Meine Mutti arbeitete sehr viel, und ich lag meinen Eltern immer noch auf der Tasche.

AUFGABE

5. Lesen Sie den Text mit der passenden Betonung laut vor.
6. Wo müssen Sie Ihr Vorlesen verändern?
7. Was bewirkt ein gut vorgelesener Text?
8. In welche Schulen wechselt Florian?
9. Warum wechselt Florian immer wieder die Schule?
10. Wie geht Ihrer Meinung nach Florians Leben weiter?

Ich bin dann mal weg

Hape Kerkeling

Auf dem wa☐ligen Bistrotischchen vor mir liegt mein fast leeres Tagebuch, das anscheinend genauso einen A☐etit hat wie ich. Eigentlich hatte ich bisher noch nie das Bedürfnis, mein Leben schriftlich festzuhalten – aber seit heute Morgen verspüre ich den Drang, jedes Detail meines beginnenden Abenteuers in meiner kleinen orangefarbenen Kladde aufzuzeichnen.

Da ich gerade einen Hörsturz und die Entfernung meiner Gallenblase hinter mir habe, zwei Krankheiten, die meiner Einschätzung nach großartig zu einem Komiker passen, ist es für mich allerhöchste Zeit zum Umdenken – Zeit für eine Pilgerreise.

Über Monate nicht auf die innere Stimme zu hören, die einem das Wort „PAUSE!" förmlich in den L☐b brüllt, sondern vermeintlich disziplin☐rt weiterzuarbeiten, rächt sich halt – indem man einfach gar nichts mehr hört. Der Frust und die Wut über die eigene Unvernunft lassen dann auch noch die Galle überkochen und man findet sich in der Notaufna☐me eines Krankenhauses mit Verdacht auf Herzinfar☐t wieder.

Wütend darüber, dass ich es so weit habe kommen lassen, bin ich immer noch! Aber ich habe auch endlich wieder meiner inneren Stimme Beachtung geschenkt und siehe da: Ich beschlie☐e, während der diesjährigen Sommermonate keinerlei vertragliche Verpflichtungen einzugehen und mir eine Auszeit zu spendieren.

AUFGABE

1. Lesen Sie den Text vor.
2. Die Markierung ☐ steht für keinen, einen oder zwei Buchstaben. Schreiben Sie die Wörter richtig. (Rechtschreibwörterbuch).
3. Finden Sie die (deutsche) Bedeutung der markierten Wörter im Wörterbuch oder Lexikon.

F
fort

fort|ent|wi|ckeln; sich fortentwickeln; **Fort|ent|wick|lung**
For|te|pi|a|no, das; -s, *Plur.* -s *u.* ...ni ‹ital.› *(alte Bez. für* Pianoforte)
fort|er|ben, sich
fort|fah|ren
Fort|fall, der; -[e]s; in Fortfall kommen *(Amtsspr.)*; **fort|fal|len**
fort|flie|gen
fort|füh|ren; Fort|füh|rung
Fort|gang, der; -[e]s; **fort|ge|hen**
fort|ge|schrit|ten; Fort|ge|schrit|te|ne, der *u.* die; -n, -n
fort|ge|setzt

1 Auszug aus einem Rechtschreibwörterbuch

kon|stru|ie|ren: erdenken, -finden, schaffen, aufbauen, einrichten, gestalten, sich ausdenken

2 Auszug aus einem Synonymwörterbuch

3 Internetlexikon Wikipedia

Begriffe nachschlagen

Wörterbücher 1, 2 erklären schwierige Wörter und zeigen die richtige Schreibweise.

Im Internetlexikon 3 gibt man den gesuchten Begriff in das Feld „Suche“ ein, drückt die Enter-Taste, und der entsprechende Artikel wird angezeigt.

In gedruckten Wörterbüchern oder Lexika sind die gesuchten Wörter alphabethisch geordnet. Das Lexikon bietet Zusatzinformationen über Personen, Landschaften, Gegenstände.

AUFGABE

4. Recherchieren Sie, welche Arten von Wörterbüchern es gibt.

5. Verbessern Sie mithilfe eines Rechtschreibwörterbuchs:

währe, entsprechent
mindesten's, Hinderniss,
Teater, ausserdem

Fehler trickreich vermeiden

Rechtschreibfehler lassen sich mit Tricks vermeiden.

Trick 1: Mit Karteikarten lernen

- fehlerhafte Wörter richtig auf kleine Karteikarten schreiben,
- Karte anschauen, Wort auswendig niederschreiben,
- geschriebenes Wort und Karte vergleichen,
- falsch geschriebenes Wort zwei Mal richtig schreiben, richtig geschriebenes Wort in zwei Tagen wieder schreiben.

AUFGABE

6. Nennen Sie den Anlass von Hape Kerkelings Pilgerreise auf dem Jakobsweg (S. 16).

7. Fertigen Sie mithilfe der Internetseite www.wikipedia.de einen Steckbrief über Kerkeling an.

Tab. 1: Rechtschreibtricks

Trick 2: schwingen	**Trick 3: ableiten**	**Trick 4: verlängern**
ge-ben, Re-gen-bo-gen, hop-peln,	nämlich → Name	Kriegswunde, Krieg → Krieg(e)
kit-zeln, du-cken, sie-ben, Hei-de,	mächtig → Macht	wildgewordene, wild → wild(e)
trin-ken, schlüp-fen, stau-nen,	Stängel → Stange	Trieb, triebhaft → Trieb(e)
lau-fen, Wo-che, Wes-pe, Kis-te,	häufig → Haufen	kennt → ken-nen;
Ta-sche, Ge-burts-tags-fei-er	Gebäude → bauen	schwimmt → schwim-men
	Schläuche → Schlauch	schnurrt → schnur-ren
	Vogelscheuche → verscheuchen	zieht → zie-hen
		flieht → flie-hen

Trick 2: Wörter schwingen

- Die Wörter deutlich in Silben sprechen und mit dem Zeigefinger für jede Silbe einen Bogen schwingen.

Die Konsonanten ck, sch, ch werden bei der Silbentrennung nicht getrennt.

Trick 3: Wörter ableiten

Schwierigkeiten bereiten die Umlaute ä und äu. Oft werden sie mit e oder eu verwechselt.

- Ein verwandtes Wort (mit ähnlichem Wortstamm) suchen, das keinen Umlaut hat.

Trick 4: Wörter rhythmisch verlängern

Wird ein Wort am Ende mit g/k, d/t, b/p geschrieben? Werden Konsonanten verdoppelt? Schreibt man das Wort mit h?

- Die Wörter mit -e verlängern und laut sprechen.
- Die Grundform zu den Wörtern bilden und deutlich in Silben sprechen.

Über Gefühle schreiben

Manchen Menschen hilft es, ihre Ängste oder Hoffnungen in einem Tagebuch aufzuschreiben. Hier äußern sie ihre Gefühle, Gedanken, fassen Vorsätze oder treffen Entscheidungen.

Tagebücher sind persönliche Aufzeichnungen.

Nicht immer lassen sich Gefühle kurz und präzise ausdrücken. Dann helfen bildliche Ausdrücke und Vergleiche. Beispiele: Gefühl der Leere, Woge der Begeisterung, ausgebrannt, wie bestellt und nicht abgeholt, wie ein Esel.

AUFGABE

1. Wie ist es richtig? Wenden Sie die Tricks 1–4 an.

gelb/p, reizent/d, schi/iebt, fe/ällt, klep/bt, blöd/t, reu/äumen, we/eht, schnäu/euzen, stürzt/tzt, blickend/t, Kräu/euzung, schnap/ppt, Predikt/gt

Tagebucheintrag eines Neubeginns *Kevin, 17 Jahre*

„neue schule – neues glück“, so begann heute der unterricht. der lehrer, herr müller, war wie ein lehrer von einer anderen welt. er sprach uns mit „sie“ an. erzählte was von „neue schulart“, „neuer anfang“, von „erwachsen werden.“ wir schwiegen, als wäre uns der mund zugenäht, es war mucksmäuschenstill.

um mich herum sah ich nur neue gesichter. ich bin der einzige aus meiner alten klasse. ich fühlte mich wie robinson crusoe, allein auf einer insel gestrandet. meine ehemaligen mitschüler hatten mich zuletzt wie einen aussätzigen behandelt, weil ich manchmal unberechenbar um mich schlug. dabei hatten sie keinen blassen schimmer, was bei mir zu hause los war. die trennung meiner eltern, ständig streit – ich will gar nicht daran denken!

herr müller scheint anders zu sein. ich glaube, er nimmt mich ernst, versteht mich. „ihr habt jetzt die chance, völlig neu anzufangen“, sagte er in seiner kurzen rede. „ich will, dass ihr den abschluss schafft! aber ihr müsst wollen.“ damit traf er genau ins schwarze: ich will ja! – aber ich weiß nicht, ob ich es kann. bin ich mittags wieder hundemüde? kann ich nein sagen, wenn meine freunde abhängen wollen? „ihr seid fast erwachsen und könnt jetzt eure ziele selbst bestimmen und in die hand nehmen.“ wenn müller wüsste, wie mir davor die knie zittern ...

aber irgendwie hat er in mir etwas angezündet. ich freue mich darauf, frei zu sein, zu arbeiten, geld zu verdienen, endlich aus der schule zu kommen!

i

Großgeschrieben werden:

- Satzanfänge (Wörter nach einem Punkt, Frage- oder Ausrufezeichen),
- Substantive (Hauptwörter, vor denen der, die, das stehen kann),
- Namen,
- Anrede (Sie, Ihnen, Ihr, Ihre, Ihren).

AUFGABE

2. Schreiben Sie Zeile 9–15 ab und verbessern Sie dabei die Rechtschreibung. Schreiben Sie Vergleiche und bildhafte Ausdrücke heraus.

3. Ihr erster Tag an der neuen Schule: Verfassen Sie einen Tagebucheintrag. Beschreiben Sie Ihre Gefühle, Hoffnungen, Erwartungen und Ziele.

1 SMS Anmachsprüche

(§ 1) Das Briefgeheimnis sowie das Post- und Fernmeldegeheimnis sind unverletzlich.

2 Artikel 10 Grundgesetz: Briefgeheimnis

3 Brief

Briefe schreiben

Viele Menschen meistern Aufgaben leichter, wenn sie nicht allein sind. Manchmal können fremde Menschen helfen, die in einer ähnlichen Situation sind.

Briefeschreiben ist ein Projekt, das Spaß macht, mit dem Beziehungen geknüpft werden und das bei Problemen helfen kann. Der Deutschlehrer sucht irgendwo in Deutschland eine passende Gruppe.

Beide Gruppen schreiben sich wöchentlich Briefe, wobei die Schreiber nicht ihre eigenen Adressen, Telefonnummern, Chat-Adressen verraten dürfen, sie verwenden nur die Anfangsbuchstaben ihres Vor- und Nachnamens oder Spitznamen.

In dem Brief können Unterrichtsinhalte ausgetauscht werden, zum Beispiel die Vorstellung, der Bericht von einem Ausflug, eine Erzählung, die Vorgangsbeschreibung, eine Postkarte oder vieles mehr.

Briefe 3 unterscheiden sich von E-Mails und SMS 1 : Sie sind haltbar, brauchen Zeit beim Schreiben, Lesen und im Versand. Der Schreiber kann den Brief persönlich gestalten: die Handschrift, eine Verzierung, eine Blume, ...

Briefe haben keine zwingende Form, aber eine persönliche Anrede und einen Abschiedsgruß. Der Verfasser schreibt persönlich, über Privates, kann auf Probleme des anderen eingehen und ihn unterstützen oder einfach nur erzählen.

Das Briefgeheimnis schützt diesen persönlichen Bereich: Laut Gesetz ist es verboten, den Brief eines anderen zu öffnen und zu lesen 2 .

AUFGABE

1. Für welche Gelegenheiten eignen sich eher ein persönlicher Brief, eine SMS oder ein Geschäftsbrief?

Brief an meinen Lehrer: „Wieso ich den Stuhl auf Sie warf“

Nicolas Reps

Vor ein paar Jahren, als Sie mich unterrichteten, kam es immer wieder zu Auseinandersetzungen zwischen uns. Ich weiß nicht, wieso es überhaupt so war. Immer wieder, wenn ich eine falsche Antwort auf eine Ihrer Fragen gab, kommentierten Sie diese mit unnötigen Sprüchen, und auch wenn ich die richtigen Antworten gab, schienen Sie nie zufrieden mit mir zu sein.

An einem Tag war es wieder so, dass ich von Ihnen einige dumme Kommentare ernten durfte. Dies brachte mich in Rage, weswegen ich zu meinem Klassenkameraden in der kleinen Pause sagte: Mann, ist der ein Penner!

Mein Klassenkamerad hat es Ihnen gepetzt, und ich wurde wegen seiner Aussage sieben Tage vom Unterricht ausgeschlossen – obwohl Sie nicht einmal wussten, ob es stimmte!

Ich hatte schon genug Wut in mir, als ich nach einer Woche wieder in die Schule kam. Es ging da weiter, wo es aufgehört hatte. Sie gingen aber diesmal zu weit, als Sie sagten: Ist deine Mutter zu dumm zu kontrollieren, ob du etwas zu Hause machst? Nach diesem Satz wurde es mir zu viel, ich packte meinen Stuhl und warf ihn mit voller Wucht auf Sie, wie Sie sicher noch wissen.

Danach flog ich von der Schule und kam auf eine andere. Ich war mir über die Konsequenzen im Klaren. Dennoch bereue ich bis heute nicht, was ich damals tat.

AUFGABE

2. Lesen Sie den Text. Worüber beschwert sich Nicolas?
3. Was halten Sie von Nicolas’ Verhalten? (Zeile 19–20, 22–23)
4. Schreiben Sie einen Brief an Ihren Lehrer der letzten Schule. Darin erzählen Sie ihm, wie Sie das letzte Schuljahr erlebt haben.

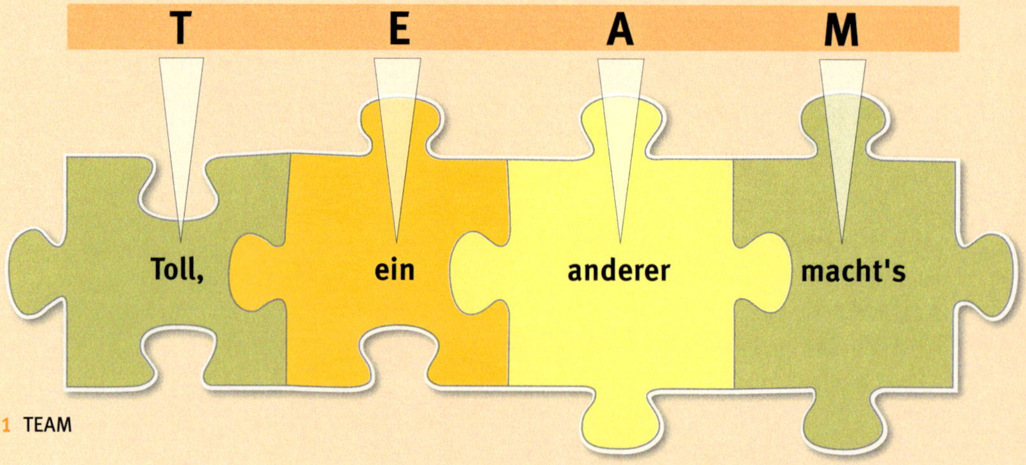

1 TEAM

„There is no I in team“

2 Team auf Englisch

1.3 Gemeinsam handeln

Ein Team bilden

Das Wort **Team** wird heute in fast allen Lebenslagen benutzt: Wenn es um Arbeit geht, wenn es um Sport geht („dream-team“), in der Familie, im Freundeskreis, in Stellenangeboten wird „Teamfähigkeit“ gewünscht.

Das Wort selbst kommt aus der altenglischen Sprache und bedeutet so viel wie Familie, Gespann, Nachkommenschaft.
Ist das gemeint, wenn heute von Team die Rede ist?

! Ein Team ist eine Gruppe von Menschen, die gemeinsam etwas erarbeiten und ein bestimmtes Ziel erreichen wollen.

Kein Mensch ist wie der andere, also sind auch die Team-Mitglieder sehr unterschiedlich. Wie schnell sich ein Team entwickelt, hängt von der Größe des Teams, der gestellten Aufgabe und dem Ziel ab, das man erreichen will. Die einzelnen Entwicklungsstufen eines Teams sind:

- sich selbst und die Aufgabe kennen lernen,
- sich mit der Aufgabe auseinandersetzen und die eigene Rolle im Team finden,
- sich organisieren und Informationen zur Aufgabe austauschen,
- an der Aufgabe arbeiten, gemeinsam Lösungen finden.

AUFGABE

1. Was halten Sie von der oben genannten Definition 1?
2. Übersetzen Sie die englische Aussage 2, und klären Sie, was damit ausgedrückt wird.
3. Was verstehen Sie unter einem Team?
4. Waren oder sind Sie in einem Team? Wenn ja, in welchem? Wie geht es Ihnen in diesem Team?

Das Pferd und der Esel *Äsop*

Ein Bauer trieb ein Pferd und einen Esel, beide gleichmäßig beladen, zu Markte. Als sie schon eine gute Strecke vorwärts gegangen waren, fühlte der Esel seine Kräfte abnehmen.
„Ach", bat er das Pferd kläglich, „du bist viel größer und stärker als ich, und doch hast du nicht schwerer zu tragen, nimm mir einen Teil meiner Last ab, sonst erliege ich." Hartherzig schlug ihm das Pferd seine Bitte ab: „Ich habe selbst meinen Teil, und daran genug zu tragen."
Keuchend schleppte sich der Esel weiter, bis er endlich erschöpft zusammenstürzte. Vergeblich hieb der Herr auf ihn ein, er war tot. Es blieb nun nichts weiter übrig, als die ganze Last des Esels dem Pferde aufzupacken, und um doch etwas von dem Esel zu retten, zog ihm der Besitzer das Fell ab und legte auch dieses noch dem Pferde oben auf.
Zu spät bereute dieses seine Hartherzigkeit. „Mit leichter Mühe", so klagte es, „hätte ich dem Esel einen kleinen Teil seiner Last abnehmen und ihn vom Tode retten können, jetzt muss ich seine ganze Last und dazu noch seine Haut tragen."

Hilf zeitig, wo du helfen kannst. Hilf dem Nachbarn löschen, ehe das Feuer auch dein Dach ergreift.

Im Team handeln

Ein Team besteht aus wenigstens zwei Personen, die zusammen etwas erreichen wollen. Bestimmte Team-Regeln müssen alle Mitglieder einhalten:

- ehrlich im Umgang miteinander sein,
- Selbstdisziplin haben,
- kompromissbereit sein,
- sachlich sein,
- das Ziel nicht aus den Augen verlieren,
- offen gegenüber anderen, neuen Ideen sein.

Ein Team kann gebildet werden für eine einmalige Tätigkeit, auf längere Zeit, dauerhaft.

AUFGABE

5. Nennen Sie je ein Beispiel für eine Teambildung auf Dauer und für kurze Zeit.

6. Finden Sie weitere Regeln, die dazu beitragen, dass aus einer Gruppe ein Team wird.

7. Die Fabel „Das Pferd und der Esel" greift das Thema Teamarbeit auf.
a) Nennen Sie die Team-Mitglieder.
b) Beschreiben Sie ihr Verhalten.
c) Welche Bedeutung hat der letzte Satz der Fabel?

Die Liste

Im Wald geht das Gerücht um, der Bär habe eine Todesliste. Alle fragen sich, wer da wohl draufstehen mag. Schließlich nimmt der Hirsch allen Mut zusammen und fragt den Bären: „Sag mal, stehe ich auch auf deiner Liste?" – „Ja", sagt der Bär, „auch dein Name steht auf meiner Liste."
Voller Angst läuft der Hirsch davon. Zwei Tage später wird er tot aufgefunden.
Entsetzen macht sich breit.
Der Keiler hält die Ungewissheit, wer als Nächster dran sein mag, nicht mehr aus und fragt den Bären, ob auch er auf der Liste stehen würde. „Ja", sagt der Bär, „auch du stehst auf meiner Liste."
Der Keiler sucht schleunigst das Weite. Zwei Tage später wird er tot aufgefunden.
Nun bricht Panik unter den Waldbewohnern aus. Allein der Hase wagt es noch, den Bären aufzusuchen.

„Bär, steh ich auch auf der Liste?" – „Ja, auch du stehst auf der Liste." – „Kannst du mich da streichen?" – „Ja klar, kein Problem!"

Kommunizieren

Wenn zwei oder mehr Menschen etwas gemeinsam tun wollen, müssen sie miteinander kommunizieren.

Kommunizieren bedeutet, sich mit Sprache, Körpersprache, Mimik und Gestik zu verständigen.

Wenn alles zusammenpasst, entsteht daraus eine gute Kommunikation.

Die Sprache ist für die meisten Menschen das wichtigste Kommunikationsmittel. Daher ist es notwendig, dieses Kommunikationsmittel – gesprochen und geschrieben – so gut wie möglich zu beherrschen.

Im Freundeskreis und in der Familie wird geredet „wie einem der Schnabel gewachsen ist", und das wird auch verstanden.

Im Umgang mit anderen Menschen außerhalb dieses Kreises sollten bestimmte Regeln beachtet werden, z. B. in einem Vorstellungsgespräch.

Manche Menschen können gut reden, anderen mag man gar nicht zuhören, wieder andere bringen keinen klaren Satz heraus.
Es gibt – wie überall – auch hier Naturtalente.

Mit ein wenig Übung kann jeder Mensch erreichen, dass man ihm gerne zuhört und versteht, was er zu sagen hat.

AUFGABE

1. Schreiben Sie stichwortartig auf, wie Sie sich Ihrem Team vorstellen.
2. Stellen Sie davon eine Ton-Aufnahme, besser noch eine Video-Aufnahme her. Hören/schauen Sie es sich an.
3. Worin besteht der Fehler der Tiere in „Die Liste"?
4. Wer oder was tötet die Tiere?

1 Rede-Regel von Martin Luther

AUFGABE

5. Wie verstehen Sie Luthers Ratschlag 1 ?

Rede-Regeln beherzigen

Hier die wichtigsten Gesprächs- und Rede-Regeln im Überblick:

Vor der Redesituation:
- sich konzentrieren,
- zuerst Gedanken ordnen,
- ein Konzept anlegen, aber nicht stur ablesen,
- kurze Sätze bilden,
- richtige, anschauliche Wortwahl.

Während des Redens:
- Sprechpausen machen,
- richtige Aussprache der Wörter,
- angenehme Tonlage der Stimme,
- angemessene Lautstärke,
- deutlich sprechen,
- nicht zu schnell sprechen (verschlucken!),
- Luft holen nicht vergessen,
- angemessene Ausdrucksweise,
- ausgeprägten Dialekt nur, wenn der Gesprächspartner ihn auch spricht,
- beim Thema bleiben.

Beim Zuhören, während andere reden:
- andere aussprechen lassen,
- zuhören, um sinnvoll mitreden/antworten zu können,
- nachfragen.

AUFGABE

6. Konzentrationsübung „Stille Post": Die erste Person nennt ihren Namen und einen Gegenstand ihrer Wahl. Die zweite Person wiederholt das und nennt den eigenen Namen und einen Gegenstand usw.

7. Untersuchen Sie Ihre Vorstellung von Aufgabe 2 (S. 24) nach den Rede-Regeln.

8. Führen Sie in der Gruppe zu einem selbst gewählten Thema ein Rund-Gespräch. Beziehen Sie sich dabei in Ihren Äußerungen darauf, was andere vor Ihnen gesagt haben.

Marcel Marceau
eigentlich Marcel Mangel,
französischer Pantomime

- * Straßburg 22.3.1923, † Paris 22.9.2007
- trat 1947 erstmals als „Monsieur Bip“ auf, die Figur eines Vagabunden
- unternimmt von 1947 bis Anfang der 1960er Jahre mit einer eigenen Pantomimengruppe internationale Tourneen, danach tritt er als Solopantomime auf
- bei seinen „Mimodramen“ und Solopantomimen handelt es sich häufig um kleine Handlungsabläufe
- ab 1990 pantomimische Umsetzung von Theaterstücken mit Absolventen seiner 1978 in Paris gegründeten „École Internationale du Mimodrame Marcel Marceau“

Der ganze Körper spricht

Die Sprache ist natürlich im ersten Moment immer ein Hindernis für die Verständigung. *Marcel Marceau*

Die Bilder verdeutlichen es: Körper, Gesten und Mimik sprechen – es ist erkennbar, was der Meister-Pantomime Marcel Marceau ausdrücken will.

Pantomime heißt übersetzt „alles nachahmen“. Menschen sollen sich trotz unterschiedlicher Sprachen verstehen. Es werden Gefühle dargestellt. Das geschieht auf der Bühne, aber auch im Straßentheater. Marcel Marceau hat mit seinem Stil Rapper und Break-Dancer beeinflusst (z. B. Robot Man).

Die Sprechsituationen im Alltag sind vielfältig. Nicht nur was jemand sagt und nicht nur die Stimme, sondern auch die Körpersprache mit Mimik und Gestik ist häufig ausschlaggebend dafür, ob ein Gesprächspartner zuhört und versteht.

Im Allgemeinen reagieren Körper, Gesicht, Arme und Hände automatisch, wenn der Mensch redet, sie „gehen mit“, bei manchen Personen mehr, bei anderen weniger. Wichtig ist nur, dass die **verbale** (= gesprochene) Sprache das Gleiche ausdrückt wie die Körpersprache.

Der Körper sendet auch dann Signale aus, wenn der Mensch sich dessen gar nicht bewusst ist. Das ist nicht zu vermeiden. Da aber niemand verräterische Signale aussenden will, wie Angst, Nervosität, Unbehagen, gilt es, sich selbst zu beobachten und Situationen wie z. B. ein Vorstellungsgespräch zu üben.

Naserümpfen, Stirnrunzeln, Kopfschütteln, geschlossene Faust in die Luft strecken, Wegschauen, Zähneknirschen – das alles sind **nonverbale** (= körpersprachliche) Mitteilungen, die ihre Bedeutung haben.

In der Tabelle 1 gibt es grundlegende Tipps, wie Sie Körpersprache zu Ihrem Vorteil einsetzen.

Tab. 1: Körpersprache richtig einsetzen

nicht so:	sondern so:
von einem Bein aufs andere hampeln	fester Stand: beide Beine locker in den Knien auf dem Boden halten
Arme vor der Brust verschränken	Arme in Taillenhöhe locker abgewinkelt nach vorne halten
Schultern hochziehen	Schultern locker zurückgezogen halten
gebückt dastehen	aufrecht stehen
Kopf senken	erhobener Kopf
zu Boden schauen	Blickkontakt halten
fahrige, nervöse Hand- und Armbewegungen	gezielte, bestimmte Gesten
Stimme nicht „überschnappen“ lassen	Stimme bewusst ruhig und tief halten
andere (Promis) nachahmen	authentisch bleiben

AUFGABE

1. Betrachten Sie die Bilder. Was erzählt Marcel Marceau?

2. Was halten Sie von dem Ausspruch Marcel Marceaus auf S. 26?

3. Betrachten Sie nun im aufgezeichneten Vorstellungsgespräch (S. 24, Aufgabe 2) Ihre Körpersprache. Was war gut, was war weniger gut?

4. Erstellen Sie ein Wort-Porträt Ihrer Mitschülerinnen und Mitschüler. Achten Sie darauf, fair zu bleiben und andere nicht zu verletzen.

5. Lesen Sie die Texte dieses Kapitels laut vor. Stellen Sie sich dabei hin. Sprechen Sie bewusst deutlich.

Achten Sie auf Ihren Atem, und machen Sie Sprechpausen dort, wo der Sinn des Textes es erfordert. Beachten Sie die Tipps zur Körpersprache.

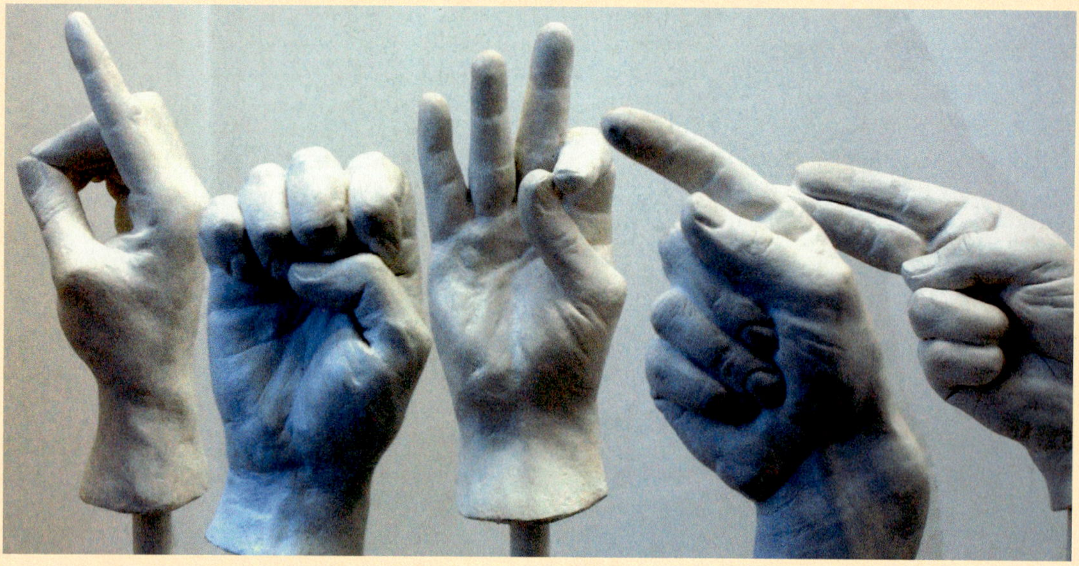

1 Gesten

Gesicht – Hände – Atmung

Die Gesichtsmuskeln sind beim Sprechen gefordert. Zwar lässt sich auch sprechen, ohne den Mund zu bewegen. Doch probieren Sie es: Versteht man Sie?

So wie die Mimik des Gesichts sind auch die Bewegungen der Hände beim Sprechen meist unbewusst. Wenn man aber weiß, was eine bestimmte Geste 1 ausdrücken kann, dann kann man diese Gesten auch gezielt einsetzen und so das gesprochene Wort verdeutlichen oder sogar ersetzen: zum Beispiel mit dem Finger zeigen oder jemanden heranwinken.

Gutes Sprechen und richtiges Atmen sind zwei Seiten einer Münze.

Beispiel: Wenn ein Mensch aufgeregt ist, geht der Atem schneller, er ist sehr flach.
Folge: Die Sprache ist abgehackt, weil man viel zu wenig Luft bekommt und deshalb oft Luft holen muss.

Nun lässt sich Aufregung nicht einfach abschalten, aber mit gezielt angewendeten Atemübungen kann man viel erreichen.

Grundregeln der **Atemtechnik**:

- aufrechte und gerade Körperhaltung, nicht nach vorne zusammensacken, das engt die Lunge ein,
- Schultern nicht nach hinten oder oben ziehen, das engt die Lunge ein,
- Kopf gerade halten, damit die Luftröhre nicht abgeknickt wird,
- den gesamten Körper in einer leichten Spannung halten (Körpersprache!),
- immer zuerst ausatmen, dann einatmen,
- auch den unteren Lungenbereich beatmen (= Bauchatmung, Tiefenatmung),
- Hand auf den Oberbauch legen (Zwerchfell), um so zu spüren und zu kontrollieren, dass bzw. ob der Atem bis hierher gelangt,
- beim Einatmen können die offenen Hände die Luft symbolisch zum Mund bringen, beim Ausatmen können die offenen Hände die Luft symbolisch nach unten drücken.

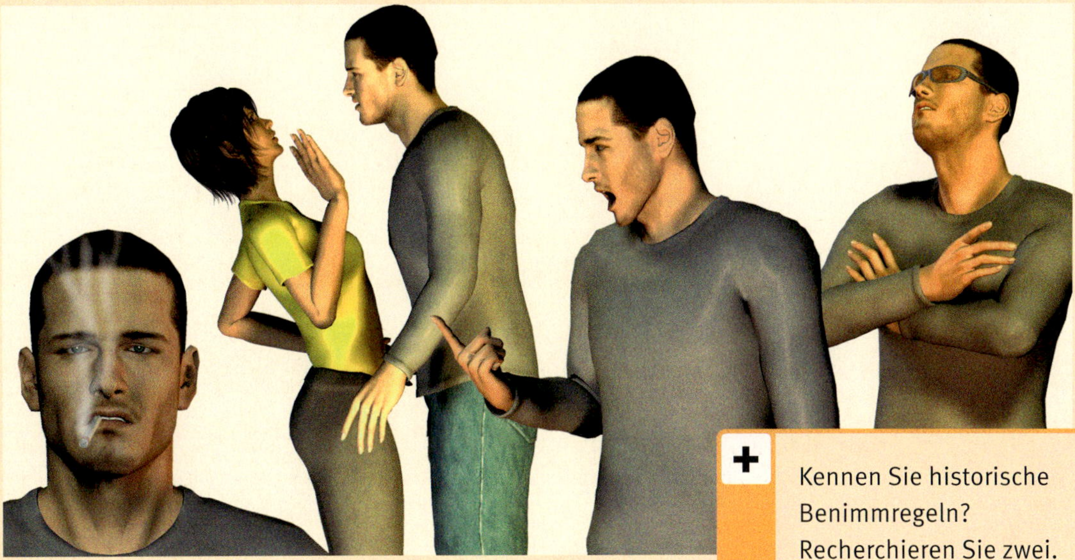

2 Sie haben keine zweite Chance, den ersten Eindruck zu hinterlassen.

+ Kennen Sie historische Benimmregeln? Recherchieren Sie zwei.

Sich angemessen benehmen

Kurse an der Volkshochschule, in der Tanzstunde und in der Schule, eine Vielzahl von Büchern darüber, wie man sich wo benimmt, haben Hochkonjunktur.
Deshalb müssten sich eigentlich alle Menschen richtig benehmen können. Doch so ist es nicht.

Richtiges Benehmen öffnet Türen.

Ein Mann begrüßt eine Frau mit einem Handkuss. Das Mobiltelefon klingelt während des Vorstellungsgesprächs. Jemand säubert sich am Tisch beim Essen die Fingernägel. Ein Schüler kommt in ausgebeulten, dreckigen Trainingshosen und Unterhemd in die Schule.

Die Frage ist: Was ist richtig? Ist das zu allen Zeiten und überall gleich?
Verhaltensregeln und Umgangsformen ändern sich, sind nicht in jedem Land gleich – und das macht richtiges Benehmen schwierig.

AUFGABE

1. Nennen Sie je eine Verhaltensregel zu den unten genannten Bereichen. Beispiel: bei der Begrüßung die Sonnenbrille abnehmen.

   Klären Sie anschließend, ob die Regeln, die Sie genannt haben, auch richtig sind.

2. Gibt es dafür Regeln?
   a) Rauchen in der Öffentlichkeit
   b) Caps und Mützen am Arbeitsplatz tragen
   c) Gesichtspiercing

3. Erkennen Sie die Fehler, die in 2 gemacht werden.

Verhaltensregeln gibt es für viele Anlässe:
- beim Essen,
- bei der Vorstellung,
- in Bezug auf Pünktlichkeit,
- bei der Begrüßung,
- beim Mailen,
- im Restaurant, ...

Bindestrich oder **kein Bindestrich**

... aufgrund ihres außergewöhnlichen Talentes wurde die 16-jährige Anna in den 1970er Jahren in die Ballett-Truppe aufgenommen.

Motorradführerscheinprüfung schlecht lesbar

Motorrad-Führerscheinprüfung besser lesbar

Anrede **„Sie“**

Sehr geehrter Herr Meier,

ich danke Ihnen für die Zusage. Da Sie mir Ihre Unterlagen bereits zugeschickt haben, ...

Anrede **„du“**

Lieber Andreas,

schön, dass du am Freitag kommen kannst. Ich hole dich am Bahnhof ab.

Bindestriche nutzen

Sehr lange Wörter lassen sich mit einem **Bindestrich** unterteilen. Für den Bindestrich gelten folgende Regeln:

- Zusammengesetzte Wörter können immer ohne Bindestrich geschrieben werden.
  Aber: Je länger ein Wort ist, desto schwerer lässt es sich lesen.
  Beispiel: Kunsthandwerkerjahreshaupt-versammlung
  besser: Kunsthandwerker-Jahres-Hauptversammlung
- In zusammengesetzten Wörtern treffen manchmal drei gleiche Laute aufeinander. In solchen Fällen ist es sinnvoll, einen Bindestrich zu setzen
  Beispiel: Ballett-Truppe, See-Elefant
- Werden Ziffern und Abkürzungen mit Wörtern zusammengesetzt, wird grundsätzlich mit Bindestrich geschrieben.
  Beispiel: 15-jährig, Kfz-Papiere
- Wird an Ziffern nur eine Silbe angehängt, entfällt der Bindestrich.
  Beispiel: 7er, 4tel, 1990er Jahre

Jemanden schriftlich ansprechen

In Briefen wird ein Empfänger direkt angesprochen.
Beispiele:

- In einer Mail werden die Teammitglieder über den Stand der Dinge informiert.
- Im Brief an eine Freundin wird eine vertraute Person angesprochen.

Für den Namen wird im Brief die Anrede verwendet. Die Ersatzwörter für den Namen heißen **Pronomen**.

Für die Rechtschreibung der **Anredepronomen** gilt:

- Die Anrede **„Sie“** und die dazugehörigen Formen „Ihre“, „Ihnen“, „Ihr“ werden immer großgeschrieben.
  Das gilt in Briefen ebenso wie in wörtlicher Rede.
- Die Anrede **„du“** (Plural: ihr) wird immer kleingeschrieben.
  In Briefen darf sie großgeschrieben werden.

1 In der Auszeit – Teambesprechung

2 Auf der Treppe – allein

Umstände verdeutlichen

Mit Verben wird ausgesagt, was eine Person (oder Sache) tut, in welchem Zustand sie ist, was sie erleidet. Dabei kann das Verb unterstützt werden von den **Modalverben**. Sie drücken aus, in welcher Art und Weise etwas geschieht. Somit helfen sie dabei, eine klare Aussage zu treffen.
Beispiel: Er *spielt* Fußball. – Er **kann** Fußball *spielen*.

Das Modalverb kann aber auch allein, d. h. an Stelle eines Vollverbs verwendet werden.
Beispiel: Ja, wir **können** es. – Ja, wir **können** es *schaffen*.

Modalverben werden grammatikalisch wie Vollverben behandelt.
Ausnahmen: Sie bilden keine Passivform und keinen Imperativ.

Modalverben sind: dürfen, können, mögen, müssen, sollen, wollen, möchten (= höfliche Form von wollen).

AUFGABE

1. Legen Sie eine Tabelle nach folgendem Muster an:

Modalverb	in der Bedeutung:
dürfen	
können	

2. Was drückt das jeweilige Modalverb aus?

Erarbeiten Sie das, indem Sie in den Satz „Sie geht ins Kino." abwechselnd die verschiedenen Modalverben einsetzen.

Tragen Sie die Bedeutung in die Tabelle ein.

3. Bilden Sie zu 1 und 2 jeweils drei Sätze, die zur dargestellten Situation passen, und verwenden Sie dazu unterschiedliche Modalverben.

Jede Äußerung enthält mehrere Botschaften:

☐ **Sachebene**
Worüber informiere ich?

☐ **Gefühlsebene**
Was verrate ich von mir selbst?
Was halte ich von dem anderen?

☐ **Appell**
Was will ich bei meinem Gegenüber erreichen?

1 Verschiedene Botschaften einer Äußerung

1.4 Teamfähigkeit einüben

Botschaften überbringen

Eine Person sitzt hinter einem Vorhang / einer Stellwand und sagt verständlich die folgenden Sätze im Abstand von ca. einer Minute:

a) „Heute ist Sonntag."
b) „Der Kühlschrank ist leer."
c) „Hoffentlich gibt's keine Hausaufgaben."
d) „Ich freu' mich auf heute Abend."
e) „Brauchst du dein Moped heute Abend?"

Aufgabe der zuhörenden Personen:

1. Schreiben Sie auf, welche Botschaften Sie bei den oben genannten Sätzen hören können.
2. Welche Botschaft erscheint Ihnen die jeweils wichtigste zu sein?
3. Bitten Sie nun die Person hinter dem Vorhang, die Sätze „anders" zu sprechen. Wie ändern sich die Botschaften?

Wenn zwei das Gleiche tun ...

- Immer zwei Personen sitzen mit dem Rücken zu ihrem Partner jeweils an einem Tisch und haben ein Blatt Papier und einen Bleistift. Auf jedem Blatt ist ein Quadrat vorgegeben.
- Einer ist Sprecher, der andere Zuhörer.
- Der Sprecher fängt an, mit dem Bleistift in dem vorgegebenen Quadrat zu zeichnen, und sagt dabei, was er macht. Der Partner zeichnet auf seinem Blatt mit, darf aber keine Fragen stellen.
- Nach einer bestimmten, vorher festgelegten Zeit bekommen alle ein neues Blatt Papier, auf dem ein Dreieck vorgegeben ist, und die Rollen werden getauscht.

Das Ergebnis zeigt:
Wie gut hat der Sprecher seine Tätigkeit vermitteln können?
Wie gut hat der Zuhörer zugehört?

! Es darf auch gelacht werden!

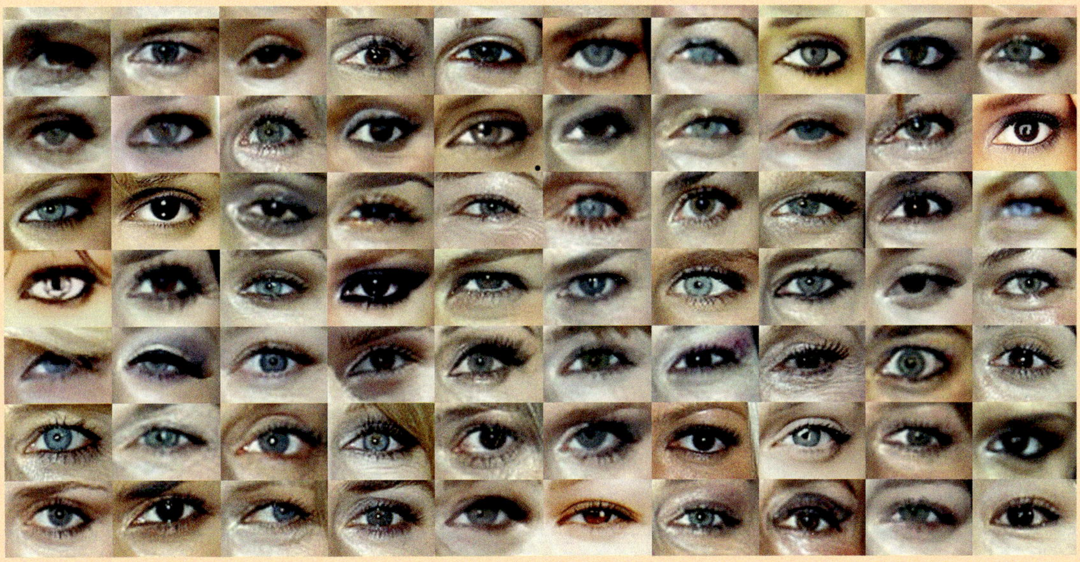

2 „Nur" sehen

Aus den Augen ...

Jeder erhält

- ein Blatt Papier, auf dem die Zahlen 1–10 untereinander stehen;
- ein Blatt mit Rechenaufgaben; das Blatt bleibt zunächst verdeckt.

Es werden 10 Bilder gezeigt (Bildschirm-Präsentation, auf Flipchart), jeweils für 3 Sekunden. Alle konzentrieren sich darauf.

Nach dem Bilderdurchlauf müssen alle die Rechenaufgaben des Blattes bearbeiten (ohne Taschenrechner).

Nach 5 Minuten wird das Blatt mit den Rechenaufgaben zur Seite gelegt.

Jetzt muss jeder auf das Blatt mit den Zahlen 1–10 die gesehenen Bilder in der richtigen Reihenfolge aufschreiben.

Gefühle zeigen

- Der Kurs teilt sich in Dreier- oder Vierer-Gruppen. Jede Gruppe erhält eine Karte, auf der ein Gefühl steht. Jede Gruppe kennt nur ihre Karte.
- Die Personen einer Gruppe beraten, mit welcher Körperhaltung, Mimik und Gestik das Gefühl am besten dargestellt werden kann. Die Gruppenmitglieder wählen eine Person aus, die das dann den anderen Gruppen vorführt.
- Das jeweils von einer Gruppe dargestellte Gefühl soll von den anderen erkannt werden.

Wichtig bei der Präsentation: Es darf nicht gesprochen werden.

Nun können

- die Karten neu gemischt werden,
- die Gruppen neu gemischt werden,

und das Spiel beginnt von vorne.

Zivilcourage zeigen

Zivilcourage bedeutet, Mut im Alltag zeigen: Andere Menschen in Schutz nehmen, ihnen helfen, wenn sie z. B. angepöbelt werden; es bedeutet, sich für andere einzusetzen, wenn sie ungerecht behandelt werden.

Folgende Situationen sind an einer Pinnwand (Flipchart, Tafel) zu sehen:

1. Was tun Sie, wenn ein Mädchen von seinem Freund geschlagen wird?
2. Was tun Sie, wenn ein Tier gequält wird?
3. Was tun Sie, wenn in einer Gruppe über Abwesende schlecht geredet wird?
4. Was tun Sie, wenn eine Passantin am Bahnhof belästigt wird?
5. Was tun Sie, wenn ein Erwachsener ein Kind schlägt?
6. Was tun Sie, wenn vor der Disco/auf dem Schulhof ein Jugendlicher von anderen bedroht wird?

Der Kurs teilt sich in Gruppen auf und jede wählt sich eine Situation aus.

Die Gruppenmitglieder überlegen, wie es zu solch einer Situation kommen kann und wie wohl die Einzelnen handeln oder nicht handeln würden. Der Konflikt soll auf jeden Fall gewaltlos gelöst werden.

Nun werden innerhalb jeder Gruppe die Spielrollen verteilt (verlost), und die Situation wird nachgespielt bzw. den anderen vorgespielt.

Gemeinsam wird das Rollenspiel nachbereitet:

1. Haben Sie so gespielt, wie es vorher besprochen war?
2. Warum haben die einzelnen Beteiligten so gehandelt? Begründen Sie den Verlauf des Rollenspiels.
3. Welche anderen Möglichkeiten gibt es in der jeweiligen Situation?
4. Welche Handlungen waren sinnvoll, welche eher nicht?
5. Informieren Sie sich bei der Polizei: Wie soll ich mich in Gewaltsituationen verhalten?

Das Hemd des Kapitäns

Ein kleines Boot, an Bord der Kapitän und seine Mannschaft, begibt sich auf eine Seereise. Ein Unwetter zieht auf, ein tobender, brausender Sturm. Das Boot ist ein Spielball der Wellen und wird mächtig umhergeschleudert. Es bleibt nicht aus, das Boot wird beschädigt: Als Erstes bricht das Heck weg, dann der Bug, und schließlich bricht der Schornstein ab. Das Schiff kentert und versinkt in der tosenden See. Dem Kapitän gelingt es, sich an einer Planke seines Schiffes festzuhalten, und er wird wie durch ein Wunder an ein Ufer gespült. In Verzweiflung und Trauer über den Tod seiner Mannschaft und den Verlust des Schiffes reißt er sich sein Hemd vom Körper.

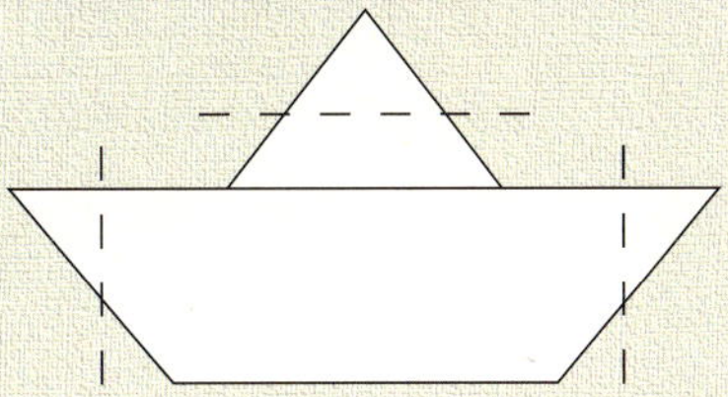

Feedback – Rückschau

Jeder erhält
- ein Blatt Papier DIN A 4, möglichst in verschiedenen Farben,
- einen Filzschreiber,
- zwei Wäscheklammern.

Außerdem müssen eine Wäscheleine und einige Scheren vorhanden sein.

Alle falten ein Papierschiffchen.

Eine Person liest – oder erzählt aus dem Stegreif – die Geschichte vom Kapitän und seinem Boot.

Die abbrechenden Schiffsteile – Heck, Bug und Schornstein – schneiden die Schüler von ihren Schiffchen ab (siehe Zeichnung). Wenn man das Schiffchen bis zur Halbierung des Blattes auffaltet, sieht es aus wie ein Hemd.

Bilden Sie nun Zweier-Teams. Jedes Team produziert ein „sauberes“ und ein „schmutziges“ Hemd:

- Schreiben Sie auf das „saubere“ Hemd, was für Sie an den vorausgegangenen Übungen positiv war.
- Schmutzwäsche machen:
  Schreiben Sie auf das „schmutzige“ Hemd, was Sie an den vorausgegangenen Übungen störte, ärgerte, nicht gefallen hat.
- Wäsche waschen:
  Lesen Sie die Kritikpunkte vor und beraten Sie gemeinsam, was man wie verbessern kann.
  Nun wenden Sie das Hemd, und schreiben die Verbesserungsvorschläge darauf.
- Wäsche trocknen:
  Spannen Sie die Wäscheleine in Augenhöhe im Klassenzimmer auf.
  Hängen Sie die Hemden, die schon einen Verbesserungsvorschlag haben, auf die Leine, ebenso die „sauberen“ Hemden.
- Lassen Sie die Leine mit den „Hemden“ hängen, wenn es möglich ist, denn die Verbesserungsvorschläge sind sicherlich immer gültig – Sie haben so die Kontrolle, ob sie durchgeführt werden.

ZUSAMMENFASSUNG

Sprechen und Zuhören

- sich vorstellen
- Interview
- vorlesen
- von eigenen Gefühlen und Erlebnissen erzählen
- Körpersprache
- Botschaften richtig hören

Lesen und Schreiben, mit Medien umgehen

- Fragebogen, Steckbrief
- Ordnungssysteme, Ordner am Computer
- persönliche Briefe schreiben
- in verschiedenen Medien recherchieren
- Tagebuch schreiben

Sprachregeln und Sprachgebrauch untersuchen

- Rechtschreibstrategien
- Großschreibung
- Rederegeln
- Bindestrich
- Anredepronomen
- Modalverben

Arbeitstechniken

- Wandzeitung
- Ausstellung
- Plakat
- Rollenspiel

Vom Traum zur Wirklichkeit 2

2.1 Träume träumen

Warum sind Träume wichtig?
Müssen Träume realistisch sein?

2.2 Ziele bestimmen

Wohin soll es gehen?
Was ist erstrebens-wert?

2.3 Wege finden

Wie geht man vor?
Welche Möglichkeiten gibt es?

2.4 Perspektiven erkennen

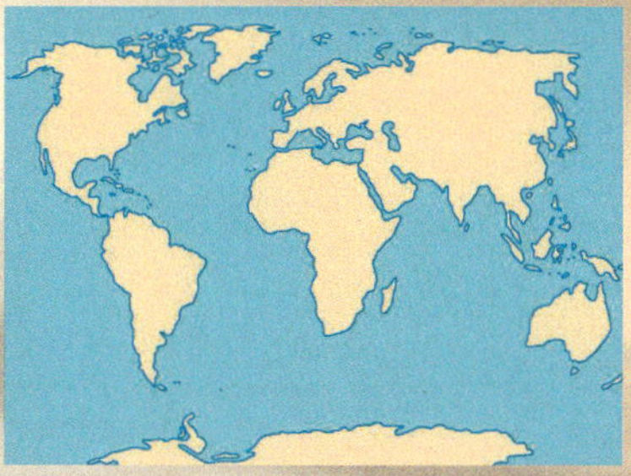

Europa und die Welt – wie weit kann der Weg führen?

1 Traumbilder

2.1 Träume träumen

Träume 1 und Wünsche gehören seit jeher zum menschlichen Dasein. Sie sind oft unerreichbar, aber Wegweiser für die Zukunft.

Um seinen Wünschen möglichst nahe zu kommen, ist neben Fantasie und Kreativität auch ein großes Stück Planung nötig. Ziele dienen als Orientierung. Es gibt eine Vielzahl an Möglichkeiten, die kennen zu lernen, anzusehen und abzuwägen sind. Wie leben andere Jugendliche in der Stadt oder auf dem Land, in Deutschland oder Europa?

Welche Ziele können realistisch sein?
Wie geht man vor, wann ist ein Team besser oder was kann jeder nur für sich allein schaffen? Das Vorgehen muss organisiert werden, der Weg ist zu planen, und die zur Verfügung stehende Zeit muss sinnvoll eingeteilt werden.

! Jeder muss seinen Schlüssel zu seinem Leben, zum Erfolg und zum Glück finden.

Eigene Wünsche

AUFGABE

1. Welche Wünsche haben Sie? Zeichnen Sie diese in einen Wunschbaum ein.

2 Wunschbaum

2. Erstellen Sie anschließend dazu die Tabelle.

Wünsche			
realistisch	kurzfristig	lang fristig	Wunschtraum

Ein Traum ist unerlässlich, wenn man die Zukunft gestalten will.
Victor Hugo (1802–85)

Unsere Träume können wir erst dann verwirklichen, wenn wir uns entschließen, daraus zu erwachen.
Josephine Baker (1906–75)

Ich weiß, dass Träume nur in Erfüllung gehen, wenn man selbst etwas dafür tut.
*Morgan Freeman (*1937)*

Überlege gut, was du wirklich willst – es könnte ja sein, dass du es bekommst.
Unbekannt

3 **Zitate zum Thema Traum**

Wünsche anderer

Dass Träume und Wünsche im Leben aller Menschen eine große Rolle spielen, zeigt sich auch im Unterhaltungsgeschäft, bei Buchtiteln, Songtexten, Filmtiteln oder bei der Benennung von Booten oder Kaffeestuben.

In 3 finden Sie einige beispielhafte Aussagen bekannter Persönlichkeit zu diesem Thema. Sind diese Zitate „alte Schinken“, oder sind sie zeitgemäß?

i

Zitate sind wiedergegebene Äußerungen oft bedeutender Menschen. Diese Aussagen werden durch Anführungszeichen kenntlich gemacht.
Wer Zitate verwendet, muss die Herkunft angeben:
Wer hat das gesagt?
Zum anderen gehört die Angabe der Fundstelle bzw. Quelle dazu.

AUFGABE

3. Suchen Sie nach Film- oder Buchtiteln, in denen vom Träumen gesprochen wird.

4. Warum lassen sich solche Artikel gut verkaufen?

5. Erklären Sie mit eigenen Worten den Inhalt der Zitate.

6. Welches Zitat gefällt Ihnen am besten? Begründen Sie Ihre Meinung.

7. Versuchen Sie eine eigene Formulierung: Träume sind ...

8. Recherchieren Sie, wer die oben genannten Persönlichkeiten sind.

9. Fragen Sie Menschen in Ihrem Familien- und Freundeskreis, welche Bedeutung sie Träumen in ihrem Leben geben oder gaben.

Träumen *Susanne Kilian*

Es gibt Tage, da wache ich morgens auf und bin fröhlich. Warum weiß ich nicht. Es kommt mir so vor, als hätte ich die ganze Nacht gelacht. Oft kann ich mich erinnern, was ich geträumt habe. Manchmal sind es wunderbare, lustige, märchenhafte Träume. Überhaupt geht es in Träumen so zu wie im Märchen. Sind Träume bunt? Haben sie Farben, solche, wie ich sie normal sehe, oder sind es ganz andere Farben? Vielleicht sind sie nur schwarzweiß, wie Zeitungsbilder? Rede ich, wenn ich träume, lache ich? Weine ich richtig? Einmal bin ich aufgewacht, mitten in der Nacht, und meine Augen waren nass. Wo war ich? Ich war an einem wüsten, einsamen Ort, und mir sind furchtbare Sachen geschehen. Welche, wusste ich nicht, es war eben so. Da waren Leute. Eine riesige Menge, und sie rannten hinter mir her, und ich lief wie in Sirup, kriegte die Füße nicht hoch und hörte sie schreien ... Ich hoffte im Traum, ich weiß noch genau, ich hoffte, dass es ein Traum wäre. Nur ein Traum! Aber es war schreckliche Wirklichkeit: Ich fiel und fiel in diesen Sirupweg und weinte und schrie ... Da wachte ich auf. Langsam wurde ich unvorstellbar glücklich – es war doch nur ein Traum! Nichts davon war geschehen. Nichts war wirklich. Mein Kopfkissen kam mir weicher als sonst vor, meine Decke wärmer. Ich war geborgen und in Sicherheit.

Am allerliebsten mag ich Träume, in denen ich ... Also, es fängt meistens so an, dass ich auf einem Turm stehe oder Dach, hoch über allem. Ich weiß, ich werde sofort runterfallen. Davor habe ich Angst und zittere. Aber von einem Moment auf den anderen bin ich ganz sicher, dass mir nichts geschehen wird: Ich kann doch fliegen! Ich lasse mich einfach fallen und fliege. Ich sehe die Straßen unter mir. Die Häuserdächer. Fliege über Wälder und große Wasserflächen, so sicher und leicht wie ein Vogel.

Solche Träume müssten Wirklichkeit sein.
Warum kann ich im Traum etwas, was ich sonst nicht kann?

AUFGABE

1. Schreiben Sie aus dem Text positive (+) und negative (–) Wörter heraus.
2. Überlegen Sie, wovon Sie träumen.
3. Gibt es Träume, die sich zu bestimmten Zeiten wiederholen?
4. Schreiben Sie einen Traum mit dem Titel „Der Hauptgewinn“ auf.

i

Traum, träumen, traumhaft sind Wörter mit demselben Stamm. Diese bilden eine **Wortfamilie**. Wenn man die Wortfamilie kennt, fällt einem oft die richtige Schreibweise leichter.

AUFGABE

5. Nennen Sie mindestens ein zur gleichen Familie gehörendes Wort: blättern, zählen, fällen, mächtig, sparsam, prächtig, pfiffig.

Der Macher

Was sollte er nun machen? Alles machte keinen Spaß mehr. Die Arbeitsagentur machte ihm die Hölle heiß, er solle endlich etwas machen und nicht ständig allen etwas vormachen. Erst einmal machte er sich eine Tasse Kaffee, dann würde er sich wieder Gedanken machen. Als Nächstes musste er den Abwasch wegmachen und den Papiermüll klein machen. Es gab so vieles, das er machen musste. Nun machte er das Fenster auf, aber der Straßenverkehr machte solch einen Lärm, dass er machte, zum Fenster zu laufen und es zu schließen. Es hatte keinen Sinn, sich etwas vorzumachen: Er hatte den Auftrag, eine Bewerbung fertig zu machen. Ach, erst musste er doch ein paar Einkäufe machen, damit er etwas zum Essen im Haus hatte. Im Supermarkt machte er an der Kasse große Augen, als er sein Portmonee aufmachte und kaum Geld darin war. „Machen Sie das mit Anschreiben?“, fragte er die Kassiererin, als er an der Reihe war. Sie machte eine Ausnahme, da sie seinen Bruder kannte, und fragte, „was macht denn Ihr Bruder?“ „Er macht gerade seinen Abschluss als Tischler“, antwortete er. Als er zu Hause das Essen machte, machte er sich erneut Gedanken: „Ich muss etwas machen, damit ich in Zukunft nicht mehr solche Sachen machen muss.“

i

Bedeutungsgleiche oder ähnliche Ausdrücke nennt man **Synonyme**. Mehrere Synonyme bilden jeweils verschiedene Wortfelder. Beispiel: Das Wortfeld „sagen“ umfasst viele verschiedene Ausdrücke wie: reden, sprechen, berichten, rufen, schimpfen, ...

Heute benutzen Menschen oftmals wenige unterschiedliche Worte. Geschriebene Texte werden langweilig, und der Sprache gehen viele Möglichkeiten verloren. Eine abwechslungsreiche Ausdrucksweise wirkt interessant und fesselt den Zuhörer eher als eine ständige Wiederholung immer gleicher Formulierungen.

Um sich gut ausdrücken zu können, ist es wichtig, viele verschiedene Begriffe in dem jeweiligen Sinnzusammenhang zu kennen. Auch in Bewerbungsgesprächen wirkt ein großer Wortschatz positiv.

AUFGABE

6. Lesen Sie den Text. Was fällt Ihnen auf?

7. Ersetzen Sie im Text „Der Macher“ möglichst oft das Wort „machen“ durch ein Synonym.

8. Finden Sie möglichst viele Synonyme für die Begriffe „Geld“ und „laufen“.

1833 Kinder und Jugendliche werden in Deutschland zurzeit vermisst. Die Zahlen ändern sich täglich. Die meisten Fälle werden schnell geklärt. 518 Kinder bis 13 Jahre und 1315 Jugendliche zwischen 14 und 17 Jahren werden laut Bundeskriminalamt aktuell vermisst. Die Zahlen schwanken täglich. Einige tauchen wieder auf, dafür verschwinden andere. Als vermisst gelten Kinder und Jugendliche, so lautet die offizielle Definition des BKA, „wenn sie ihren gewohnten Lebenskreis verlassen haben und ihr Aufenthalt (dem Sorgeberechtigten) unbekannt ist".

1 Vermisste Kinder

Oberbegriffe finden

Um einen Text sinnvoll gliedern und kürzen zu können, ist es notwendig, das Wichtigste vom weniger Wichtigen zu trennen.

Oberbegriffe werden durch **Unterbegriffe**, die aus Beispielen oder Details bestehen, näher erklärt.

AUFGABE

1. Finden Sie den Oberbegriff und jeweils einen weiteren Unterbegriff zu folgenden Wortreihen.

Beispiel: Rot – grün – braun – schwarz – **Farben** – **blau**

Techno – Metal – Rap – Rock	? ?
Steak – Frikadelle – Schnitzel	? ?
Skateboard – Skier – BMX-Rad	? ?
Stracciatella – Malaga – Zitrone	? ?
Vormittag – Nacht – Abend	? ?
Füller – Edding – Bleistift	? ?

AUFGABE

2. Schreiben Sie folgendes Gespräch ab, und setzen Sie die nötigen Zeichen.

Hast du schon über deine Zukunft nachgedacht fragt Anne Tom sagte das ist doch etwas für Spießer ja das sag ich auch immer aber ich bin nicht mehr ewig in der Schule du bist doch erst sechzehn ich will aber auch selber Geld verdienen ich bekomme genug von zu Hause Anne.

Zeichen in der wörtlichen Rede setzen

Die **wörtliche Rede** wird durch Anführungszeichen am Anfang und Ende gekennzeichnet. Der übergeordnete Satz dient der Einleitung, er endet mit einem Doppelpunkt.
Beispiel:
Benny sagt: „Diese Aufgabe ist leicht."

Manchmal steht der übergeordnete Satz in der Mitte oder am Ende der Rede, dann muss er durch ein Komma abgetrennt werden. Beispiel:
„Tatsächlich, Benny", stellt die Lehrerin fest, „diese Aufgabe haben Sie fertig."

Er wollte nach London *Udo Lindenberg*

Mit dreizehn ist er zum ersten Mal von zu Hause weggerannt,
er wollte nach London und später nach Paris.
Das waren komische Gefühle, als er nachts an der Straße stand,
den Schlafsack unterm Arm und dreißig Mark in der Hand.
Er rauchte viele Zigaretten, und dann wurd' es wieder heller,
und morgens um sieben hatten sie ihn,
sein Alter war leider schneller.

Als er so um fünfzehn war, hat er's noch mal versucht,
und dieses Mal hat's hingehauen, da haben sie sehr geflucht.
Als er drei Tage später den Eindruck hatte, dass er weit genug weg war,
hat er zu Hause angerufen und gesagt, es wär' alles klar.
Eigentlich war gar nichts klar, und das Geld war auch schon alle.
Und nun stand er da in irgendeiner kalten Bahnhofshalle.

Er war in London, er war in Paris, er war in vielen großen Städten.
Er schlief auf harten Parkbänken und auf weichen Wasserbetten.
Er spürte, dass er irgendwie auf der Suche war,
doch was er eigentlich wollte, das war ihm damals noch nicht klar.

Inzwischen ist er neunzehn, und er weiß immer noch nicht so genau,
was er denn nun davon halten soll, von dieser ganzen Schau.
Viele Sachen sieht er anders, und er glaubt auch nicht mehr so daran,
dass es nur an der Umgebung liegt,
vielleicht kommt es doch mehr auf einen selber an.

Und nun liest er ein Buch von Hermann Hesse, und er macht Meditation,
doch er findet Jerry Cotton auch sehr stark, und er lernt jetzt auch noch Saxophon.

+ Dichten Sie einen RAP-Text zum Thema „Abhauen oder bleiben?“

+ Schreiben Sie ein Parallelgedicht mit dem Titel „Ich wollte nach ...“.

AUFGABE

3. Welche Erfahrungen hat der Teenager im Songtext gemacht? Können Sie die Gedanken des Jungen nachvollziehen?

4. Formulieren Sie Ihre Meinung zu dem Text von Udo Lindenberg, insbesondere zur vierten Strophe.

5. Was bedeuten die Nachrichten von vermissten Jugendlichen 1 für Eltern, Geschwister, Mitschüler und Freunde?

i

Ein **Parallelgedicht** ist ein neuer Text, der neben ein schon existierendes Gedicht gestellt wird. Das heißt, der Ursprungstext wird auf die linke Hälfte eines Blattes geschrieben, auf der rechten Seite wird die eigene Version in der Ich-Form gedichtet, indem man dem Wortlaut des Gedichtes folgt und durch die persönlichen Zusammenhänge verändert.
So entstehen individuell unterschiedliche Parallelgedichte.

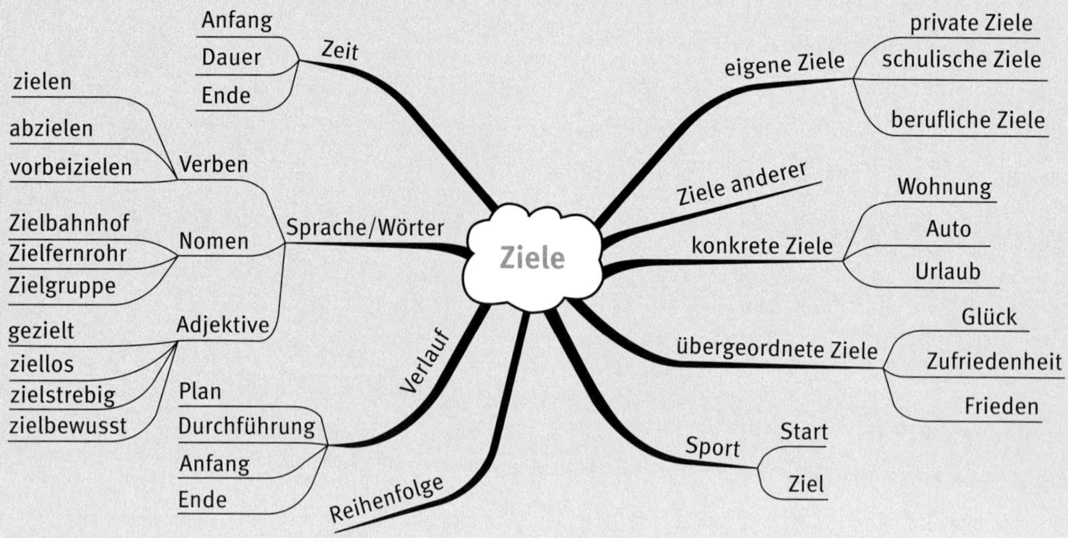

1 Mind-Map „Ziele“

2.2 Ziele bestimmen

Brainstorming

Ziele jeder Art verlangen bei der Umsetzung eine gute Vorplanung.
Zuerst werden Ideen in einem Brainstorming gesammelt und unsortiert aufgeschrieben. Alle Ideen sind willkommen, keine wird bewertet.

Tab. 1: Brainstorming „Ziele“

Start	schulische Ziele
ziellos	gezielt
zielstrebig	Zielgruppe
zielen	zielorientiert
Ende	Zeit
Plan	Reihenfolge
berufliche Ziele	verplant
private Ziele	eigene Ziele

Mind-Mapping

Eine Mind-Map 1 ist eine Gedächtnislandkarte, die von Beginn an ein Gedankennetz herstellt.

In der Mitte eines Blattes wird das Thema notiert. Hauptäste verzweigen sich bis zu Details. Oft werden Symbole, Pfeile und Bilder zur Veranschaulichung verwendet.

Eine Mind-Map eignet sich auch als **Gliederung** für ein Referat oder eine Erörterung. Sie hat ihren Anfang oben rechts und wird im Uhrzeigersinn gelesen.

AUFGABE

1. Sammeln Sie in einem Brainstorming alles, was Ihnen zum Thema Klassenfahrt einfällt.
2. Ordnen Sie die gesammelten Ideen mithilfe einer Mind-Map.

Auf Umwegen zum Ziel
(Fortsetzung)
Florian Draebecke

Dann habe ich erfahren, dass das berufsvorbereitende Jahr eine coole Sache wäre, der Unterricht wird dort mit praktischen Inhalten untersetzt. Ich habe mich angemeldet. Der Unterricht entsprach meinen Erwartungen. Besonders das Fach Elektrotechnik faszinierte mich. Nach einem Jahr hatte ich den Hauptschulabschluss mit guten Ergebnissen in der Tasche.

Jetzt dachte ich, es ist geschafft – aber eine Lehre bekommt man nicht so leicht. Ein Firmenchef möchte keinen ehemaligen Schulschwänzer.

Zum Glück wurde mir von der Agentur für Arbeit geholfen. Ich habe mich für eine Ausbildung zum Mechatroniker im Technologie- und Berufsbildungszentrum entschieden. Den Einstellungstest habe ich schnell geschafft. Die Ausbildung ist abwechslungsreich und stellt hohe Anforderungen an die Auszubildenden. Bis jetzt habe ich zwei Firmenpraktika absolviert, um Einblicke in funktionierende Unternehmen zu bekommen. Ich durfte als Auszubildender selbständig arbeiten, und meine Ideen wurden ernst genommen. Die Verantwortung, die ich für meine Arbeit übernehmen musste, wuchs mit. Das war für mich eine neue Erfahrung.

Anerkennung zu erhalten ist ein gutes Gefühl. Mein Ziel ist es, in eineinhalb Jahren eine gute Prüfung abzulegen und eine Anstellung in einem Unternehmen zu erhalten, in dem ich mich wohl fühle und meine Ideen gefragt sind.

Wenn ich meine Kenntnisse in der Praxis gefestigt habe, möchte ich gern den Meisterabschluss erwerben oder ein berufsbegleitendes Studium absolvieren.

+ Stellen Sie Florians Werdegang in anderer Form dar.

AUFGABE

3. Schreiben Sie alle Wörter heraus, die Zeitangaben enthalten.
4. Zeichnen Sie mithilfe des ersten Teils dieses Textes (S. 15) Florians Werdegang als Zeitlinie, links beginnend mit der Vergangenheit, die positiven Ereignisse oberhalb, die negativen unterhalb der Linie.
5. Formulieren Sie die Vor- und Nachteile von Umwegen.
6. Welches sind Ihre Ziele?
7. Können Sie Ihr Ziel auf geradem Weg erreichen?
8. Welche Umwege haben Sie in Ihrem Leben bereits gemacht?
9. Fertigen Sie eine Mind-Map für Ihre Vorhaben an. Beachten Sie die Vorgaben zur anschaulichen Gestaltung. Stellen Sie Ihren Namen in den Mittelpunkt.

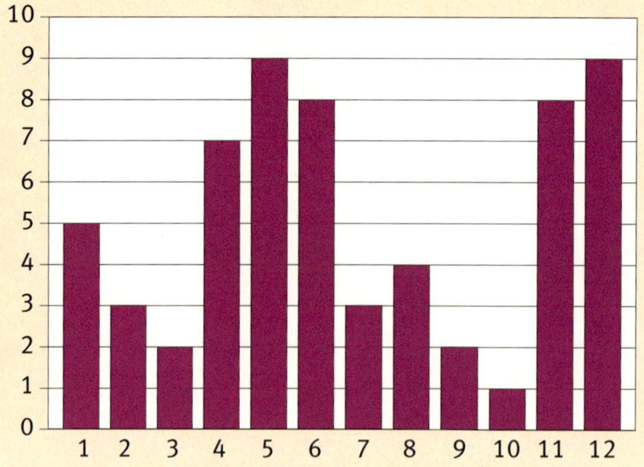

1 Säulendiagramm

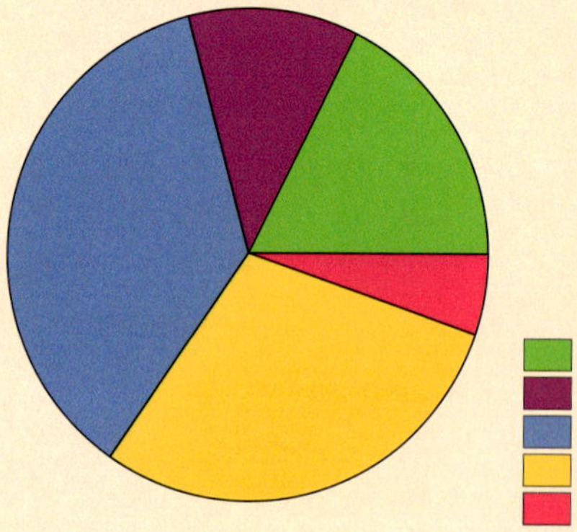

2 Kreisdiagramm

Schaubilder anfertigen

Sachverhalte, die mit vielen Zahlenangaben geschildert werden, können anschaulicher dargestellt werden, indem man Diagramme verwendet. Grundformen sind das

- **Säulendiagramm** 1 und
- das **Kreisdiagramm** 2.

Ein Kreisdiagramm bietet sich an, wenn Anteile einer Gesamtzahl (100 %) dargestellt werden sollen. 1 % ≙ 3,6 °.

Das Säulendiagramm erleichtert das Vergleichen verschiedener Werte.

Neben Diagrammen werden in Vorträgen oft Karikaturen, Zeichnungen oder Cartoons eingebunden, um theoretische Abhandlungen aufzulockern. Dadurch wird die Aufmerksamkeit der Zuhörer gewonnen.

Diagramme helfen dabei, auf einen Blick die wesentlichen Informationen zu zeigen oder zu erhalten.

AUFGABE

Schülerjahrgang 2006

Insgesamt 966.940 Schülerinnen und Schüler verlassen im Jahr 2006 die Schule. Davon sind

7,9 % ohne Hauptschulabschluss,
24,6 % mit Hauptschulabschluss,
40,8 % mit Realschulabschluss und
26,7 % mit Fachhochschul- oder Hochschulreife.

1. Stellen Sie den „Schülerjahrgang 2006“ als Kreisdiagramm dar.

2. Worin besteht der Vorteil eines Schaubildes, worin besteht der Vorteil eines Textes?

3. Veranschaulichen Sie den Sachverhalt der vermissten Kinder und Jugendlichen auf Seite 42 in einem Säulendiagramm.

Auf der Walz

Ein kleiner Tränensee am Ortsausgangsschild war alles, was nach einem zweistündigen Abschiedshappening übrig blieb. Die weiblichen und männlichen Wandergesellen verstreuten sich wieder in alle Himmelsrichtungen. Unter ihnen die 26-jährige Christiane B. aus Mohrkirch. Im vergangenen Jahr hat sie ihre Gesellenprüfung für das Tischlerhandwerk erfolgreich abgelegt und danach den Wunsch verspürt, ihr Können und Wissen auf einer dreijährigen Wanderschaft zu vertiefen. Ihre Familie zeigte zunächst wenig Verständnis, denn Christiane darf drei Jahre und einen Tag ihrem Heimatort nicht näher als 50 Kilometer kommen. Da fiel der Abschied von Familie und Freunden am Mohrkircher Ortsschild entsprechend schwer.

Bereits einige Tage vor der Abschiedsstunde waren einige Wandergesellen, unschwer an ihrer Handwerkskluft zu erkennen, nach Mohrkirch getippelt, um den Beginn der Wanderschaft von Christiane mit reichlich alkoholischen Getränken zu zelebrieren. Dazu gehörte auf einem Abschiedsabend die Einkleidung in die typische Kluft.

In Deutschland sind etwa 600 Gesellen auf Wanderschaft, und Christiane ist nicht die einzige Frau. Nannette K., Schuhmacherin aus Frankfurt/Oder, hat die drei Jahre bereits hinter sich und bezeichnet diese als Schule des Lebens. Man lerne nicht nur ein breites handwerkliches Feld kennen, auch neue Menschen, Land und Leute erweiterten den persönlichen Horizont. Als Frau auf der Walz habe sie keine Probleme gehabt, im Gegenteil, die Kluft habe sie vor „Anmache“ geschützt.

Der Schlosser Reiner, seit zwei Jahren auf Wanderschaft, wird die Neue drei Monate als Alt-Geselle begleiten. Bis maximal drei Monate darf Christiane in einem Betrieb arbeiten, dann muss sie weiterziehen.

Im letzten Akt hoben die Mohrkircher Freunde Christiane auf das Ortsschild. Dies musste sie übersteigen, um sich dann in die Arme der aufgestellten Wandergesellen fallen zu lassen. Ohne einen Blick zurück begann Christiane dann ihre Wanderschaft.

AUFGABE

4. Versehen Sie eine Kopie des Textes mit Randnotizen zu folgenden Punkten:
- Warum gehen Handwerksgesellen auf Wanderschaft?
- Welche Bedingungen gelten für sie?
- Vorteile und Nachteile der dreijährigen Wanderschaft

i

Randnotizen dienen neben dem Markieren beim Durcharbeiten eines Textes der Übersichtlichkeit. Symbole (? für unklare und ! für wichtige Stellen), Pfeile und Abkürzungen (Z für Zeit, O für Ort, G für Grund, P für Personen, Anfangsbuchstaben für Namen) unterstützen dies ebenso.

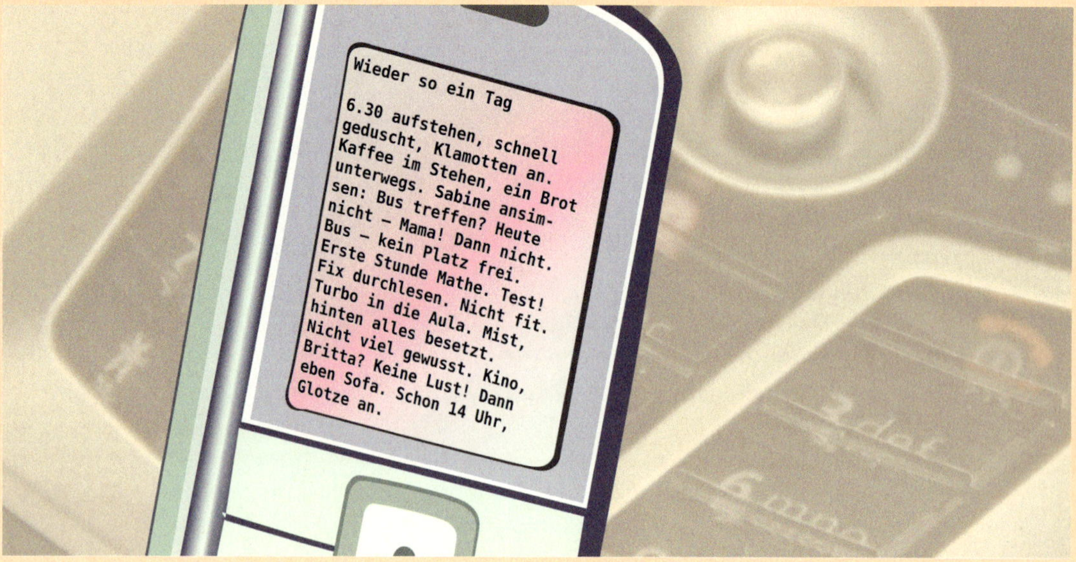

1 SMS

Satzarten bestimmen

Die Sprache kann mit unterschiedlichen Satzarten verschiedene Absichten ausdrücken.

Aussagesatz

„Ich schreibe eine Entschuldigung."
„Das rote Auto steht im Halteverbot."
„Der Unfall geschah am Sonntag."

Fragesatz

„Schreibst du mir die Entschuldigung?"
„Wer hat das Buch gelesen?"
„Trinkst du Kaffee oder lieber Kakao?

Aufforderungssatz

„Schreib' mir bitte eine Entschuldigung!"
„Seien Sie bitte vorsichtig!"
„Nun wird geschlafen!"

Manchmal hören sich Aussagen oder Fragen eher wie Befehle an:
„Du könntest mir einen Gefallen tun."
„Gibst du mir endlich eine Antwort?"
„Denkst du an den Einkauf?"

AUFGABE

1. Um welche Satzarten handelt es sich hier? Setzen Sie beim Abschreiben die Satzendzeichen.

Montag ist der erste Tag einer Woche_ „Bist du am Montag auch so müde_" „Stell' Dich nicht immer so an_" „Hast du die Hausaufgaben in Deutsch dabei_" „Die kannst du auch selber_" „Bis Freitag ist noch viel zu tun_" „Geht es endlich los_"

2. Welche Fehler wird die Lehrerin in Text 1 anstreichen?

3. Schreiben Sie den Text um, indem Sie vollständige Sätze bilden.

Sätze formulieren

Jeder versteht, was in der SMS 1 gemeint ist. Oft ist Zeitdruck die Ursache, sich kurz zu fassen. Doch was als SMS auf dem Handy oder für den mündlichen Gebrauch geeignet scheint, kann z. B. nicht in einem Praktikumsbericht aufgeschrieben werden.

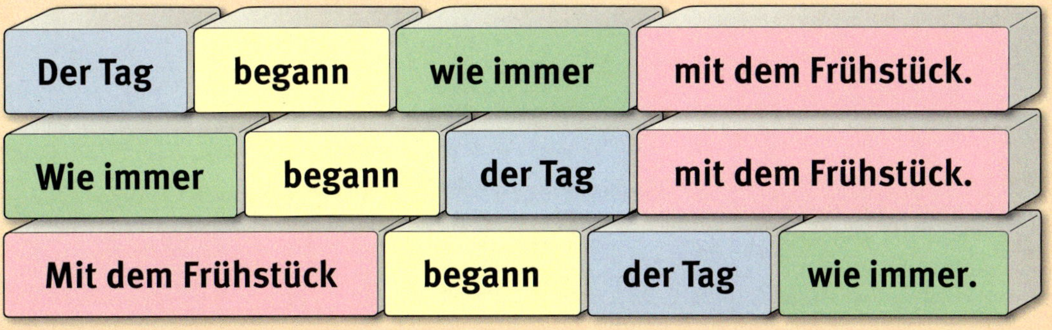

2 Satzteile umstellen

Um möglichst interessant und abwechslungsreich zu formulieren, kann mit der Sprache „gespielt“ werden. So können durch Umstellen von Satzteilen Schwerpunkte der Aussage verändert werden. Auch der Satzrhythmus hört sich unterschiedlich und damit nicht eintönig an.

Eine weitere Möglichkeit, interessanter zu formulieren, besteht darin, Wörter durch andere zu ersetzen. Dadurch lassen sich Gleichförmigkeit und Wiederholungsfehler vermeiden.

Beispiele:
Der Mann fährt mit dem Auto.
Er fährt mit dem Auto.
Er fährt mit seinem Wagen.
Der Mann benutzt sein Auto.

Der Satz „Der Mann fährt.“ kann erweitert werden, indem man Fragen beantwortet:
Was für ein Mann ist das?
Womit, wie, warum, wohin, mit wem, wann fährt der Mann?

AUFGABE

4. Gibt es noch mehr Möglichkeiten für den Satz in 2 ?

5. Welche Satzteile können verschoben werden?

6. Welche Unterschiede ergeben sich für den Sinn des jeweiligen Satzes?

7. Erproben Sie in folgendem Satz das Umstellen von Satzteilen:

Jana und Dennis gehen jeden Tag ins Fitness-Studio.

8. Ersetzen Sie in folgenden Sätzen die weiß unterlegten Stellen durch andere passende Ausdrücke:

Klaus redet mit seinem Freund Udo. Sie hatten sich lange nicht gesehen. Nun verabreden sie sich für den nächsten Tag. Sie wollen zusammen ins Kino gehen. In dem Moment hören sie einen Knall. Neben ihnen liegt plötzlich ein großer Stein. Wie ist das passiert? Auf jeden Fall sind sie froh, dass sie nicht getroffen wurden, und sie freuen sich auf das Treffen am nächsten Tag.

1 Lesetipps

2.3 Wege finden

Richtig lesen – Texte verstehen

Sich informieren ist sehr wichtig. Ohne Informationen aufnehmen und verstehen zu können, sind keine Ziele umzusetzen, weder in der Schule noch im Beruf. Oft muss unter Zeitdruck entschieden werden, ob Informationen wichtig oder weniger wichtig sind. Für Klassenarbeiten und Prüfungen sind Texte zu lesen und zu bearbeiten.

Um die zur Verfügung stehende Zeit optimal zu nutzen, kommt es auf die richtige Methode an, Texte zu verstehen 1.

Fünf-Schritt-Lesemethode

1. Überfliegen
2. Fragen und nachschlagen
3. Genau lesen und markieren
4. Sinnabschnitte und Überschriften finden
5. Inhalt wiedergeben

AUFGABE

Wenden Sie die Fünf-Schritt-Lesemethode auf den Text „Der Schritt zurück“ an.

1. Überfliegen Sie den Text. Worum geht es in diesem Text?

2. a) Schreiben Sie die Wörter, die Sie nicht verstanden haben, heraus, und schlagen Sie sie nach.

b) Stellen Sie Fragen an den Text:
- Was ist besonders an dem Text?
- Wer ...? (Formulieren Sie selbst.)
- Warum ...? (Formulieren Sie selbst.)

3. Lesen Sie den Text nun intensiv und genau.

Markieren Sie in der Kopie des Textes die wichtigsten Textstellen. Markieren Sie sparsam.

4. Finden Sie Sinnabschnitte, und versehen Sie diese mit Überschriften. Stellen Sie diese Informationen mithilfe von Stichworten oder in einer Tabelle dar.

Der Schritt zurück *Annette Rauert*

Er stand ganz am Rand. Unter ihm die gleißende Wasseroberfläche. Wie geschmolzenes Blei sah es aus. In seinen Schläfen hämmerte es. Er hatte Angst, nackte Angst. Hinter sich hörte er die Stimme seines Trainers: „Spring!“ Das Pochen nahm zu, gleich musste es seinen Kopf sprengen. Zwischen ihm und der Wassermasse gab es nur dieses kleine schwankende Brett, zehn Meter hoch.

Leute starrten nach oben. Sie warteten. Ihre Gesichter waren feindlich. Trotzdem fühlte er sich ihnen verpflichtet. Er musste springen, damit sie ihre Sensation bekamen. Er fühlte, dass er es nicht schaffen würde. Er war noch nicht so weit. Aber er musste beweisen, dass er ein Mann war. Lieber tot sein, als sich vor diesen Gesichtern zu blamieren. Nur noch ein paar Sekunden atmen, dachte er, mehr verlange ich gar nicht. Er blickte nach unten. Warum lächelte niemand? Lauter gespannte weiße Ovale mit harten Augen. Sie wissen, dass ich es nicht kann. Es wurde ihm schlagartig klar. Sie wissen, dass etwas passieren wird. Warum rief ihn niemand zurück?

Er forschte in seinem Gewissen. Wenn er sprang, war irgendetwas damit erreicht? Tat er damit etwas Falsches? Etwas Richtiges? Er wusste, was er tun sollte, warum sträubte er sich dagegen? Aber war das Springen heldenhaft, hatte es einen Sinn? Ein Schritt nur! Sein Fuß schob sich langsam vor. Dann ging ein Ruck durch seine Gestalt. Er richtete sich auf und drehte sich um. Ganz bewusst. Seine Unsicherheit war von ihm gewichen, der Druck, der auf ihm lastete, verschwand. Langsam kletterte er die Leiter hinab und schritt durch die starre Gruppe. Zum ersten Mal in seinem Leben trug er den Kopf hoch. Er begegnete den Blicken der anderen mit kühler Gelassenheit. Keiner sprach ein Wort oder lachte gar. Er fühlte sich so stark, als hätte er gerade die wichtigste Prüfung in seinem Leben bestanden. Er spürte so etwas wie Achtung vor sich selbst. Eines Tages würde er auch springen, das wusste er plötzlich.

AUFGABE

5. Geben Sie den gesamten Inhalt des Textes mit eigenen Worten wieder. Benutzen Sie dazu Ihre Notizen.

AUFGABE

Beantworten Sie folgende Fragen:

6. Warum will der Junge springen?
7. Warum zögert er? Ist er feige? Begründen Sie Ihre Auffassung.
8. Warum trägt er den Kopf hoch?
9. Welche Prüfung hat er bestanden?

Den Inhalt eines Textes zu verstehen, ist der erste Schritt. Ihn zu deuten, ist abhängig von Einstellungen und Erfahrungen des Lesers.

Brief an die Versicherung

Das habe ich mir schon so gedacht, dass der Autofahrer nichts zugibt. Das ist wieder typisch!
So war es wirklich:
Wir standen vor der Schule und unterhielten uns noch über den heutigen Unterricht, als meine Freundin Ute mit ihrem Roller den Schulparkplatz verlassen wollte. Sie hat nach beiden Seiten geguckt, dass kein Fahrzeug kam, bevor sie nach rechts auf die Schulstraße eingebogen ist. Als sie gerade die Hauptstraße erreicht hatte, hörten wir von links durchdrehende Reifen und fragten schon: „Wer muss den wilden Max markieren?" Nur einen Augenblick später kreischten Bremsen, und ein lauter Knall war zu hören. Wir rannten sofort hin, weil wir nur an Ute dachten. Wie erleichtert waren wir, als wir sahen, dass sie und ihr Roller heil geblieben waren. Dafür steckte ein Sportwagen mit so einem Möchtegern-Rennfahrer in der Front eines roten Kleinwagens, der schon seit der ersten Pause vorschriftsmäßig auf der gegenüberliegenden Straßenseite abgestellt war.
Der Typ hat wahrscheinlich telefoniert oder seine Musikanlage bedient und deswegen nicht auf andere Verkehrsteilnehmer geachtet. Außerdem muss er viel zu schnell gewesen sein. Erst im letzten Moment hat er Ute gesehen und dann das Steuer herumgerissen. Dann rammte er trotz Vollbremsung das rote Auto. Es gab ein großes Theater, als dieser Kerl behauptete, Ute sei einfach auf die Hauptstraße gefahren. Tja, da hat er aber Pech gehabt! Ich bin eine gute Beobachterin. Und er hat fast geheult, weil sein Auto nun ziemlich verbeult ist. Das muss er selbst bezahlen. Wenn er andere hereinlegen will, muss er schon früher aufstehen.

Melanie Busch

Die eigene Meinung vertreten

In der Familie, Schule oder am Arbeitsplatz muss man oft zu strittigen Fragen Stellung beziehen. Seine Meinung sachgerecht und situationsgerecht zu äußern, ist nicht immer ganz einfach. Wer seine Meinung begründet und überzeugend formulieren kann, wird nicht so leicht überhört und kann sich besser für seine eigene Interessen einsetzen.

Außerdem gilt es auch, Meinungen anderer anzuhören, zu verstehen und kritisch zu betrachten. Besonders bei Nutzung der Medien wie Zeitung, Internet oder Fernsehen muss man lernen, zwischen Information und Meinung zu unterscheiden.

Meinungsäußerungen geben persönliche Eindrücke einzelner Personen oder Gruppen wieder. In der Zeitung stehen auf besonderen Meinungs-Seiten **Kommentare**, in denen Redakteure ihren Standpunkt zu einer wichtigen Nachricht darlegen. Die Leser einer Zeitung können ihre eigene Meinung in Form eines **Leserbriefes** zur Diskussion stellen.

Verkehrsunfall mit hohem Sachschaden

Gegen 13 Uhr kam es am Freitag zu einem Verkehrsunfall vor einem Schulzentrum in Hannover.
Ein 22-jähriger Sportwagenfahrer rammte bei einem Ausweichmanöver ein geparktes Fahrzeug. Ursachen waren zu hohe Geschwindigkeit und ein abgelenkter Fahrer, der eine Roller-Fahrerin erst im letzten Augenblick bemerkt hatte.
Der Sachschaden beträgt mehrere tausend Euro, verletzt wurde niemand.

Riskant

Der Verkehrsunfall vor dem Schulzentrum zeigt es wieder einmal. Junge Fahrer sollten einfach keine so schnellen Autos fahren, die sie noch nicht beherrschen, besonders wenn es darum geht, mit ihnen anzugeben. Immer volles Risiko, muss das sein? Lasst das Telefon liegen, dreht die Musik leiser und überlegt euch, wer die Rechnung bezahlen soll.

1 **Meldung oder Kommentar?**

Sachlich berichten

Wenn die Zeitung sachlich über ein Thema berichtet, handelt es sich um eine **Meldung**, eine **Nachricht** oder einen **Bericht**. Es werden Fakten, also Tatsachen, an denen kein Zweifel besteht, wiedergegeben, teilweise mit Aussagen von Experten belegt.

Der Bericht ist die ausführlichste dieser drei Formen. Er muss die **W-Fragen** beantworten:
1. Was (geschah)?
2. Wann (geschah es)?
3. Wo (geschah es)?
4. Wer (war beteiligt)?
5. Wie (geschah es)?
6. Warum (geschah es)?
7. Welche Folgen (hatte das Geschehen)?

+ Formulieren Sie zu dem Verkehrsunfall 1 einen Leserbrief an die Zeitung.

AUFGABE

1. Schreiben Sie die Abschnitte aus dem Text „Brief an die Versicherung“ heraus, bei denen es sich um eigene Meinung handelt.

2. Schreiben Sie dann den Text ohne überflüssige bzw. unsachliche Äußerungen auf.

3. Untersuchen Sie, welche W-Fragen der Zeitungstext 1 beantwortet.

4. Nehmen Sie Stellung zu den Standpunkten des Kommentars 1. Teilen Sie die Meinung oder nicht?

Begründen Sie Ihre Äußerungen, beginnen Sie so:
- Ich bin (nicht) der gleichen Meinung, weil ...
- Ich denke so ..., denn ...
- Diese Meinung halte ich für ..., da ...

Zeit	Montag	Dienstag	Mittwoch	Donnerstag	Freitag
13.00	Mittagessen	Besuch und Essen bei den Großeltern	Unterricht	Hausaufgaben	
13.30	Hausaufgaben				
14.00					TV
14.30					
15.00	Shoppen	Hausaufgaben	Einkaufen für Oma	Radfahren	
15.30					
16.00		TV			
16.30					Einkaufen
17.00	TV		Fitness-Studio	TV	
17.30					
18.00		Billard	Hausaufgaben		Kochen für die Familie
18.30	Fußballtraining			Freunde treffen	
19.00			TV		
19.30					

1 Zeitplan

+

Sie schreiben am Freitag eine Mathematik-Arbeit. Wann lernen Sie?

Zeit gewinnen

„Keine Zeit!“, ist eine viel gehörte Antwort auf die Frage, ob man sich treffen könne. Zeit scheint immer knapp zu sein, und das obwohl Maschinen dem Menschen immer mehr Arbeit abnehmen und freie Zeit verschaffen.

Zeit muss gut verwaltet werden. Ohne **Zeitmanagement** zerrinnt sie zwischen den Händen, ohne dass man weiß, wo die Zeit geblieben ist.

Wer nie Zeit hat, geht schlecht mit ihr um.

Um bestimmte Ziele zu erreichen, ist es oft nötig, seine Zeit gut einzuteilen. Vor Klassenarbeiten und Prüfungen muss man anders planen als sonst. Manche wollen nebenher den Führerschein erwerben, Pflichten müssen erfüllt werden. Wie kann das alles untergebracht werden?

! Ein gutes Zeitmanagement ist nötig, um mehr Zeit zu haben.

AUFGABE

1. Wofür wird im Zeitplan 1 Zeit verwendet? Was fehlt in dem Plan?
2. Erstellen Sie Ihren Zeitplan für einen Tag und eine Woche.
3. Was verstehen Sie unter Zeitdieben?
4. Untersuchen Sie Ihren Wochenplan auf Zeitdiebe. Wie heißen diese?
5. Was kann man gegen Zeitdiebe unternehmen?

Vor aller Planung sollte eine Bestandsaufnahme erfolgen, wo die Zeit bleibt. Neben festen Arbeitszeiten sollte man auch Pausen planen. **Pausen** bewirken oft eine Leistungssteigerung. Ein realistischer Plan mit Zeitreserven führt eher zum Ziel als eine zu enge Zeitplanung. Man muss seine Zeitdiebe kennen, um sie ausschalten oder beherrschen zu können.

Die Zeitdiebe *Michael Ende*

Und dann erkannte Momo, dass es die Scheinwerfer von vielen Autos waren, die nun sehr langsam von allen Seiten auf die Mitte des Platzes zukamen, wo sie stand. In welche Richtung sie sich auch wandte, von überallher strahlte ihr graues Licht entgegen, und sie musste ihre Augen mit der Hand schützen. Sie kamen also ...
Mit leise brummenden Motoren waren die Autos näher und näher herangekommen. Schließlich blieben sie, Stoßstange neben Stoßstange, in einem Kreis stehen, dessen Mittelpunkt Momo war. Dann stiegen die Herren aus. Momo konnte nicht sehen, wie viele es waren, denn sie blieben im Dunkeln hinter den Scheinwerfern. Aber sie spürte, dass viele Blicke auf sie gerichtet waren – Blicke, die nichts Freundliches enthielten. Und ihr wurde kalt.
Wie eine graue, wandernde Mauer kamen die Zeit-Diebe heran, einer neben dem anderen, die ganze Straßenbreite ausfüllend, und Reihe hinter Reihe, so weit man sehen konnte. Momo schrie auf, aber sie konnte ihre eigene Stimme nicht hören. Sie lief rückwärts in die Niemals-Gasse hinein und starrte mit aufgerissenen Augen auf das nachfolgende Heer der grauen Herren.

Wenn etwas unter Zeitdruck hergestellt werden muss, geraten viele Menschen in Stress. Ein guter Plan hilft, unnötigem Stress auszuweichen.

Tab. 1: Zeitangaben

Zeitpunkt wann	**Dauer wie lange?**	**Wiederholung wie oft?**
bald	drei Tage	jede Woche
Sonntag		3-mal täglich

AUFGABE

6. Suchen Sie Begriffe von A bis Z, die mit Zeitdruck zu tun haben.

7. Finden Sie zur Abwehr von Zeitdruck möglichst viele Begriffe, die das Gegenteil ausdrücken.

AUFGABE

8. Schreiben Sie Tabelle 1 ab, und setzen Sie diese fort, indem Sie folgende Zeitangaben einordnen:

samstags, Montagabend, mittags, inzwischen, jetzt, nachher, endlich, gestern Abend, heute, morgen früh, eines Morgens, oft, seit Januar, nie, Mittwoch, sofort, selten, bis Sonntag, tagelang, spät

9. Finden Sie weitere Begriffe.

10. Nennen Sie Einheiten, mit denen Zeit gezählt wird.

11. Formulieren Sie mit fünf Wörtern jeder Spalte Sätze, die etwas über Ihre Zeit aussagen.

12. Setzen Sie den Textausschnitt „Die Zeitdiebe" fort.

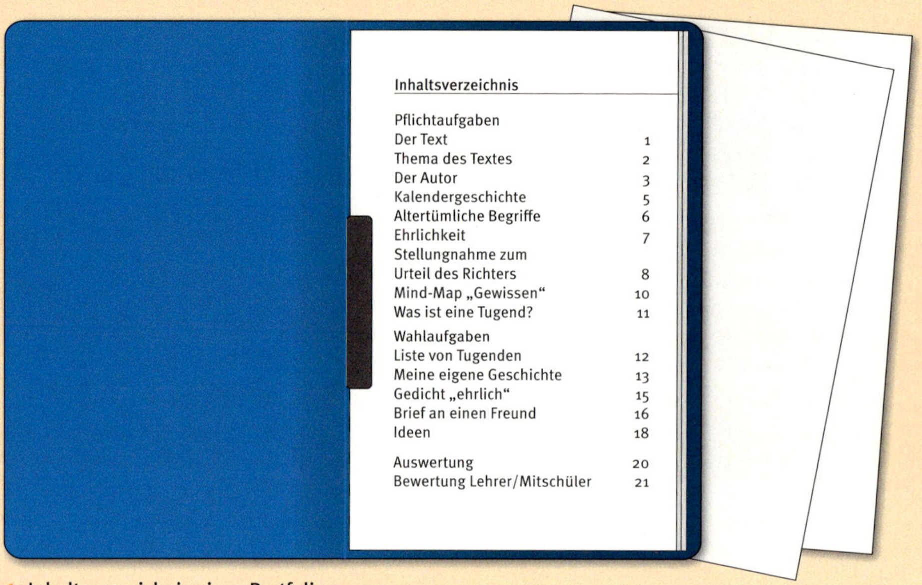

1 **Inhaltsverzeichnis eines Portfolios**

Ein Portfolio anlegen

Portfolios sind Präsentationsformen über selbstständig geleistete Arbeiten.
Im Mittelpunkt stehen eigene Ideen.
Es werden bestimmte Aufgaben gestellt. Die Form der Bearbeitung ist oftmals freigestellt und bietet deshalb viel Raum für eigene kreative Gestaltung in Wort und Bild. Illustrationen veranschaulichen den Inhalt.

Das Portfolio wird als Arbeitsmappe zu einem bestimmten Thema abgegeben. Folgende Elemente müssen unbedingt enthalten sein:

- Ein Deckblatt gibt den Namen, den Kurs, den Arbeitszeitraum und die Themenstellung an.
- Ein Inhaltsverzeichnis 1 mit Gliederungspunkten und Seitenzahlen, die in der gleichen Reihenfolge in der Mappe wiederkehren sollen.
- Abgeheftet werden zum einen die Aufgabenbögen mit den jeweils erarbeiteten Ergebnissen der Pflichtaufgaben.
- Neben den Pflichtaufgaben gibt es Wahlaufgaben, die dem Verfasser die Art der Bearbeitung freistellen, die aber auch abgewählt und durch andere Aufgaben ersetzt werden können.
- In einem Auswertungsbogen 3 hat der Verfasser dann die Pflicht, seine Arbeit hinsichtlich der Aufgabenstellung abschließend zu betrachten.
- Am Ende findet sich ein Bewertungsbogen für die Kommentare der Lehrkraft und der Mitschüler.

Der Schreiber überlegt sich, welche Teile seines Portfolios er mit welcher Methode 2 präsentieren will.
Die Zuhörer wiederum sind verpflichtet, die persönliche Leistung angemessen zu würdigen und zu kritisieren.

In einem Portfolio hat jeder die Möglichkeit, seine Stärken besonders hervorzuheben, aber auch zu überlegen, in welchem Bereich man sich verbessern kann oder noch mehr zu tun ist.

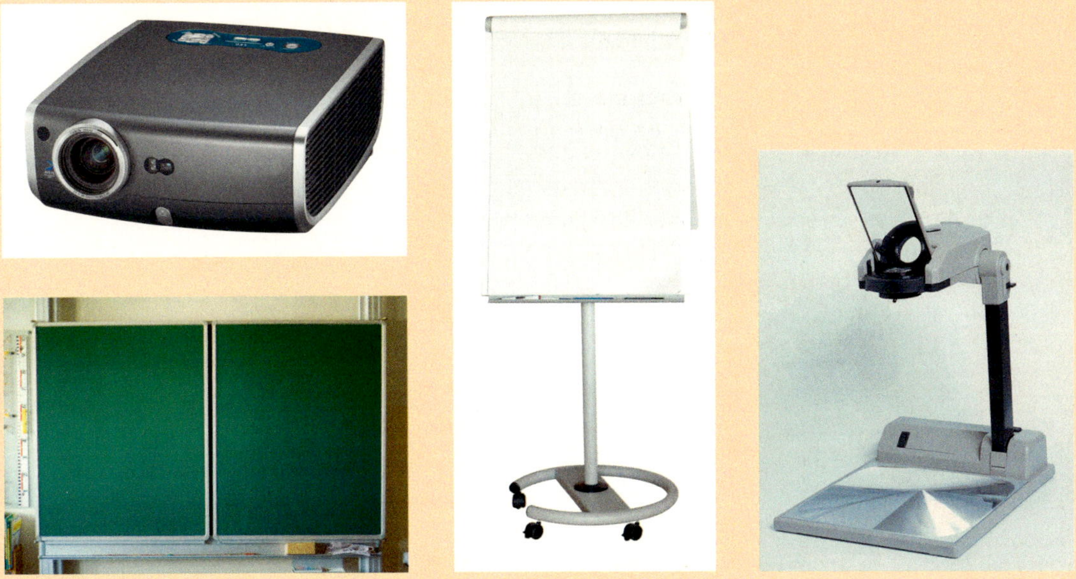

2 **Präsentationsmedien**

Vielfach benutzt man heute ein **Bewerbungs-Portfolio** (s. Kapitel 4.2) bei der Suche nach einem Arbeits- oder Ausbildungsplatz. Darin enthalten sind alle Unterlagen, die zu einer Bewerbung gehören. Nach einem Praktikum wird das Portfolio aktualisiert. Eine vollständige Mappe ist für eine Bewerbung wichtig und vorteilhaft.

Auswertung des Portfolios (PF)

Markieren Sie das jeweils Zutreffende mit einem Kreuz	**trifft gar nicht zu** ☹☹	**trifft nicht zu** ☹	**teils teils** 😐	**trifft zu** ☺	**trifft besonders zu** ☺☺
Ich habe die Zeit in der Schule gut genutzt.	☐	☐	☐	☐	☐
Ich habe viel zu Hause an meinem PF gearbeitet.	☐	☐	☐	☐	☐
Ich habe gut mit anderen zusammengearbeitet.	☐	☐	☐	☐	☐
Ich habe mich sehr bemüht					
... um die Rechtschreibung.	☐	☐	☐	☐	☐
... um die äußere Gestaltung.	☐	☐	☐	☐	☐
... den PC einzusetzen.	☐	☐	☐	☐	☐
... um ausführliche Arbeit.					
Ich finde dieses PF-Projekt gut	☐	☐	☐	☐	☐
Ich finde mein PF gut	☐	☐	☐	☐	☐
Ich schlage zur Änderung und Verbesserung vor:					

3 **Auswertungsbogen**

Der kluge Richter

Johann Peter Hebel

Ein reicher Mann hatte eine beträchtliche Geldsumme, welche in ein Tuch genäht war, aus Unvorsichtigkeit verloren. Er machte daher seinen Verlust bekannt und bot, wie man das zu tun pflegt, dem ehrlichen Finder eine Belohnung, und zwar von hundert Talern, an. Da kam auch bald ein guter und ehrlicher Mann dahergegangen. „Dein Geld habe ich gefunden. Dies wird's wohl sein! So nimm dein Eigentum zurück!" So sprach er mit heiterem Blick eines ehrlichen Mannes und eines guten Gewissens, und das war schön.

Der andere machte auch ein fröhliches Gesicht, aber nur, weil er sein verloren geschätztes Geld wieder hatte. Denn wie es um seine Ehrlichkeit aussah, wird sich bald zeigen. Er zählte das Geld und dachte unterdessen geschwinde nach, wie er den treuen Finder um seine versprochene Belohnung bringen könnte. „Guter Freund", sprach er hierauf, „es waren eigentlich 800 Taler in dem Tuch eingenäht. Ich finde aber nur 700 Taler. Ihr werdet also wohl eine Naht aufgetrennt und Eure 100 Taler Belohnung schon herausgenommen haben. Da habt Ihr wohlgetan. Ich danke Euch."
Das war nicht schön, aber wir sind noch nicht am Ende. Ehrlich währt am längsten, und Undank schlägt seinen eigenen Herrn. Der ehrliche Finder, dem es weniger um die 100 Taler als um seine unbescholtene Rechtschaffenheit zu tun war, versicherte, dass er das Päcklein so gefunden habe, wie er es bringe, und es so bringe, wie er's gefunden habe.

Am Ende kamen sie vor den Richter. Beide bestanden auch hier noch auf ihren Behauptungen; der eine, dass 800 Taler eingenäht gewesen seien; der andere, dass er von dem Gefundenen nichts genommen und das Päcklein nicht versehrt habe. Da war guter Rat teuer.

Aber der kluge Richter, der die Ehrlichkeit des einen und die schlechte Gesinnung des anderen zum Voraus zu kennen schien, griff die Sache so an: Er ließ sich von beiden über das, was sie aussagten, eine feste und feierliche Versicherung geben und tat hierauf folgenden Ausspruch: „Demnach, wenn der eine von euch 800 Taler verloren, der andere aber nur ein Päckchen mit 700 Talern gefunden hat, so kann auch das Geld des Letzten nicht das nämliche sein, auf welches der Erstere ein Recht hat. Du, ehrlicher Freund, nimmst also das Geld, welches du gefunden hast, wieder zurück und behältst es in guter Verwahrung, bis der kommt, welcher nur 700 Taler verloren hat. Und dir da weiß ich keinen Rat, als du geduldest dich, bis derjenige sich meldet, der deine 800 Taler gefunden hat." So sprach der Richter, und dabei blieb es.

1 Justitia, römische Göttin der Gerechtigkeit

AUFGABE

Wahlaufgaben
Bearbeiten Sie mindestens eine:

11. Listen Sie weitere Tugenden alphabetisch auf.

12. Schreiben Sie eine ähnliche Geschichte.

13. Suchen Sie sich eigene Aufgaben.

Zu den genannten Pflichtaufgaben können Ergänzungen vorgenommen werden oder selbst gestellte Wahlaufgaben hinzukommen. Das kann in Form von Bildern 1, Zeichnungen, Kollagen oder Schaubildern geschehen. Man kann Meinungen anderer Personen einholen, sich beim Fundbüro informieren oder recherchieren, wie es um die Finder-Moral bestellt ist. Wer sich dafür interessiert, kann über Gerichtsverhandlungen oder verwandte Urteile berichten.

AUFGABE

Legen Sie ein Portfolio „Der kluge Richter“ an.

Pflichtaufgaben

1. Entwerfen Sie ein passendes Deckblatt für das Portfolio.

2. Worum geht es in diesem Text?

3. Recherchieren Sie über den Autor J.P. Hebel.

AUFGABE

4. Klären Sie, was eine Kalendergeschichte ist.

5. Legen Sie eine Liste mit altertümlichen Wörtern und Formulierungen an, übersetzen Sie.

6. Finden Sie Sprichwörter und Redewendungen, die „Ehrlichkeit“ zum Thema haben.

7. Formulieren Sie eine begründete Meinung zur Entscheidung des Richters. Ist diese klug?

8. Erstellen Sie eine Mind-Map „Gewissen“.

9. Ehrlichkeit ist eine Tugend. Bestimmen Sie den Begriff Tugend.

10. Betrachten Sie am Ende Ihre gesamte Arbeit und schreiben Sie eine Auswertung. Was fiel Ihnen schwerer, was eher leichter?

1 Englisch und Deutsch

2.4 Perspektiven erkennen

Andere Sprachen

Eine Jugendliche spricht heute anders als ihre Großmutter im gleichen Alter vor 60 Jahren. Auch die Sprache der Zeitung oder des Nachrichtensprechers vor 40 Jahren klingt heute umständlich und altmodisch.

Viele sprachliche Neuerungen bringen die Entwicklung der Informationstechnologie und die Globalisierung mit sich: Einflüsse aus anderen Sprachen, meist aus dem Englischen 1 , verändern die deutsche Sprache. Sprachwissenschaftler halten bereits besorgte Vorträge über den bevorstehenden Tod der deutschen Sprache.

Auf der anderen Seite gibt es Sprachen, die aussterben, weil Kinder sie gar nicht erst lernen. Mit den älteren Sprechern stirbt auch deren Sprache. So wird die Sprache Eyak in Alaska seit 2008 nicht mehr gesprochen, Mandan und Iowa in Nordamerika haben nur noch fünf bis sechs Sprecher. Sirenikski, eine Eskimosprache, und Ubykh, die Sprache mit der größten Anzahl an Konsonanten, gelten seit den 1990er Jahren als ausgestorben. Ein dramatischer Vorgang, wenn man bedenkt, dass die Sprache das Denken und einen Großteil der menschlichen Kommunikation ausmacht.

AUFGABE

1. Klären Sie die Bedeutung unbekannter Wörter und Namen auf dieser Seite.
2. Gestalten Sie in Gruppenarbeit ein Plakat zu folgenden Fragen:
   - Wie viele Sprachen und Dialekte werden heute noch gesprochen?
   - Wie viele Sprachen sind vom Aussterben bedroht?
   - Welche Vorteile und welche Nachteile hat die Globalisierung der Sprache für die Menschen?

Denglisch *Wise Guys*

[...]
Ich bin zum Bahnhof gerannt und war a little bit too late
Auf meiner neuen Swatch war's schon kurz vor after eight.
Ich suchte die Toilette, doch ich fand nur ein „McClean",
ich brauchte noch Connection und ein Ticket nach Berlin.
Draußen saßen Kids und hatten Fun mit einem Joint.
Ich suchte eine Auskunft, doch es gab nur 'n Service Point.
Mein Zug war leider abgefahr'n – das Traveln konnt' ich knicken.
Da wollt ich Hähnchen essen, doch man gab mir nur McChicken.
[...]
Du versuchst mich upzudaten, doch mein Feedback turned dich ab.
Du sagst, dass ich ein Wellness-Weekend dringend nötig hab.
Du sagst, ich käm' mit good Vibrations wieder in den Flow.
Du sagst, ich brauche Energy. Und ich denk: „Das sagst du so ..."
Statt Nachrichten bekomme ich den Infotainment-Flash.
Ich sehne mich nach Bargeld, doch man gibt mir nicht mal Cash.
Ich fühl' mich beim Communicating unsicher wie nie –
da nützt mir auch kein Bodyguard. Ich brauch Security!
[...]
Oh, Lord, please help, denn meine Language macht mir Stress,
ich sehne mich nach Peace und a bit of Happiness.
Hilf uns, dass wir understand in dieser schweren Zeit,
open unsre hearts und make die Hirne weit.
[...]

+ Wie war die ursprüngliche Schreibweise der Wörter unten links? Wann wurden sie Bestandteil der deutschen Sprache?

Die deutsche Sprache enthält sehr viele ursprünglich fremde Wörter, die aus anderen Sprachen übernommen worden sind. Sie wurden oft mit der Zeit in der Schreibung angepasst und werden nicht mehr als fremd angesehen. Daneben gibt es Fremdwörter, die weiterhin als solche wahrgenommen werden, da sie ihre ursprüngliche Schreibweise beibehalten haben.

Beispiele für fremde Wörter:
Addition, Alkohol, Ambiente, Android, Ballett, Bluse, Büro, Fenster, Gitarre, Jetlag, Kiosk, Kirche, Klinik, Konferenz, Konto, Limousine, Meeting, Mumie, Muskel, Optik, Pizza, Professor, Rabatt, Rhythmus, Roboter, Schick, Sekunde, Skepsis, Strategie, Streik, Tapa, Thermosflasche, Typ, Utopie, Wein

AUFGABE

3. Wie denken Sie über die Vermischung der Sprachen?

4. Warum ist Denglisch besonders für junge Menschen reizvoll?

5. Übersetzen Sie das Lied der Wise Guys ins Deutsche. Wie wirkt der Text nun auf Sie?

6. Helfen fremde Wörter im Alltag beim Erlernen von Fremdsprachen?

7. Finden Sie mithilfe eines Wörterbuches heraus, woher die Fremdwörter links kommen und was sie bedeuten.

Von der Hand in den Mund

Millionen von Deutschen essen nicht mehr mit Messer und Gabel und an einem Tisch. Sie greifen lieber zum Snack. Fast zwei Milliarden Imbisse wie Bagels, Wraps oder Pizzaschnitten wurden hierzulande im vergangenen Jahr vertilgt, dazu kommen Unmengen von Muffins, Croissants, Donuts und anderen süßen Sachen.

Wer sich im Auto, der U-Bahn oder im Sauseschritt auf dem Weg zur Arbeit schnell etwas in den Mund schieben will, der muss häufig erst einmal seinen Wortschatz erweitern. An den Theken der modernen Cafés – nein: der Coffeeshops – wird in der Snacksprache geordert. Statt Kaffee bestellt der Kunde von heute einen „tall Chocolate Mocca mit Vanille Flavour", statt des Brötchens ein „Ciabatta Greek style". Natürlich alles „to go" – zum Mitnehmen.

Wem es aber gelingt, trotz der weitgehend sinnlosen Bezeichnungen das zu bestellen, was er haben möchte, der wird belohnt: Viele der neuen Snacks sind praktisch, vielfältig, frisch und hochwertig wie nie.

Modern sein

Fremdsprachen, vor allem Englisch, lernt heute jeder Schüler kennen. Reisen, technische Entwicklung, internationale Zusammenarbeit und das Zusammenrücken der Welt durch Flugzeug und Internet führen zu einer Mischung, die neue Chancen bietet, die Vielfalt fördert und den Horizont erweitert. Zu keiner anderen Zeit hatten die Menschen mehr Möglichkeiten, sich zu informieren und ihren Wissensdrang zu befriedigen.

Mit der wachsenden Mobilität der Menschen wird das gesamte Leben schneller. Der Mensch ist meistens in Eile und isst immer öfter unterwegs. Die mobile Esskultur „fast food" entstand in den 1950er Jahren in Amerika. Typisch waren zunächst vor allem Hamburger, die auch im Gehen gegessen werden konnten. In der zweiten Hälfte des 20. Jahrhunderts verbreitete sich das Fastfood in Europa und der ganzen Welt.
Auch zu Hause wird das Essen für viele Menschen zur Sache nebenbei. Beim Fernsehen wird verzehrt, was – als Fertigprodukt gekauft – in der Mikrowelle oder im Backofen nur noch erhitzt werden muss.

AUFGABE

1. Nennen Sie Vor- und Nachteile des modernen Lebens. Benutzen Sie dazu auch den Text „Von der Hand in den Mund".

2. Recherchieren Sie, ob es Gegenbewegungen zur Fastfood-Esskultur gibt.

1 Au-pair

2 Ziele im Ausland finden

In allen Lebensbereichen finden sich zunehmend Begriffe, die international bekannt sind. Was heute geläufig ist, war früher nur dem bekannt, der weit in der Welt herum gekommen war.

AUFGABE

3. Sortieren Sie folgende Begriffe alphabetisch in Ihrem Heft:

Handling, Account, X-mas, Prepaid, Lifestyle, Business, Feeling, Timing, Kick, Update, VIP, Inline-Skater, WWW, easy, Quad, Zero, Download, Shop, Game, Youngster, Organizer, Joke, Relaxing, Message, City, Network.

4. Klären Sie die Bedeutung und die Herkunft der Begriffe und den Zusammenhang, in dem sie auftauchen.
Finden Sie nach Möglichkeit sinnvolle deutsche Ausdrücke.

Weiter denken

Die Möglichkeit, zu reisen, ferne Orte kennen zu lernen und anderen Menschen und Kulturen zu begegnen, eröffnen auch Perspektiven für die eigene Lebensplanung über Freizeit und Urlaub hinaus. Oftmals ergeben sich auf diese Weise ganz neue Ideen für die eigene Zukunft.

Mancher fühlt sich angespornt, den Sprachenunterricht in der Schule mit anderen Augen zu sehen. Denn für einen Aufenthalt als Au-pair 1 braucht man ebenso wie für eine Berufsausbildung im Ausland oder ein freiwilliges Auslandsjahr 2 gute Englischkenntnisse. Andere planen, weiter zur Schule gehen, um einen höheren Schulabschluss zu erreichen. Eine Fremdsprache zu beherrschen, verschafft auch bei der Stellensuche im Inland Vorteile.

Auf Reisen ins Unbekannte gelangten Einzelne mit Neugier, Entdeckerdrang und Wagemut zu Erkenntnissen, die die gesamte Menschheit voranbringen sollten.

Aus einem Reisebericht von heute:

„Der Abflug in die Ferien erfolgte fast planmäßig um kurz nach 09.00 Uhr, nach neun Stunden Flug landeten wir in der Dominikanischen Republik. Nach ca. 20 Minuten Busfahrt in Richtung Osten waren wir auch schon in unserem Hotel.
Auf den ersten Blick machte das Hotel einen sehr ordentlichen Eindruck: groß, mit sehr vielen Sporteinrichtungen wie Golf, Tennis, Volleyball, Fahrrädern, Minigolf und Kicker. Nach dem Auspacken der Koffer genossen wir einen Begrüßungsdrink an der Strandbar. Dann verschafften wir uns bei einem Rundgang einen Überblick über die großzügige Hotelanlage. Nun war unsere Tochter nicht mehr davon abzuhalten, die weitläufige Poolanlage zu erkunden.
Das Abendessen nahmen wir am ersten Tag im Buffetrestaurant ein, eines von den insgesamt sechs Restaurants. Die Auswahl am Buffet ließ uns staunen, wir haben schon viele Pauschalreisen gebucht. Diese muss den Vergleich mit bisher gesehenen All-Inclusive-Anlagen nicht scheuen."

Weiter reisen

Der Forscherdrang der Menschen war von je her Anlass, sich aus seiner gewohnten Umgebung auf den Weg zu machen, die Erde zu erforschen und neue Handelsplätze zu erobern. Mit Christoph Kolumbus' 1 Entdeckung der Neuen Welt im Jahr 1492 erfuhr die Seefahrt einen Aufschwung.

Da die Erde nicht länger als Scheibe betrachtet werden konnte, zogen viele weitere Seefahrer los, um die Welt auf dem Seewege zu erschließen und zu kartografieren (auf einer Karte aufnehmen).

Ende des 18. Jahrhunderts wurde das **Reisen** als Vergnügung entdeckt, allerdings nur von sehr wohlhabenden Menschen. Bis dahin unternahm vor allem der Nachwuchs des Adels Bildungs- und Sprachenreisen.

Erst im 20. Jahrhundert wurde allmählich der Wunsch nach Erholungsurlaub für die breite Masse erfüllt. Der Massentourismus war geboren. Viele Menschen nutzen heute Pauschalangebote zu allen Reisezielen.

1 **Christoph Kolumbus (1451–1506)**

Gullivers Reisen *Jonathan Swift*

Von Natur und Fortuna zu einem tätigen und rastlosen Leben bestimmt oder verdammt, verließ ich, nur zwei Monde nach meiner Heimkehr, mein Vaterland aufs Neue und schiffte mich am 20. Tage des Juni anno 1702 in den Downs abermals ein und begab mich an Bord der Adventure, die unter dem Kommando von Kapitän John Nicholas aus Cornwall stand und eben im Begriffe war, nach Surat auszulaufen. Der Wind war sehr gedeihlich, bis wir zum Kap der Guten Hoffnung kamen, wo wir an Land gingen, um Trinkwasser aufzunehmen, dabei jedoch ein Leck entdeckten, so dass wir unsere Fracht ausladen und dort überwintern mussten; weil überdies der Kapitän an einem wechselnden Fieber erkrankte, konnten wir das Kap nicht vor Ende März verlassen. Alsdann aber setzten wir die Segel und hatten eine gute Fahrt, bis wir die Straße von Madagaskar passierten; doch als wir nördlich jener Insel waren, ungefähr fünf Grad südlicher Breite, begann der Wind, der in jenen Meeren im Allgemeinen von Anfang Dezember bis Anfang Mai beständig und gleichmäßig aus Nordwesten weht, am 19. April plötzlich viel heftiger und auch stärker als gewöhnlich aus westlicher Richtung zu blasen, und das blieb so für volle zwanzig Tage, wodurch es uns ein wenig östlich über die Molukken hinaus und ungefähr drei Grad nördlich des Äquators trieb, wie unser Kapitän am 2. Mai, da sich der Wind gelegt hatte und zu meiner nicht geringen Freude vollkommene Flaute herrschte, anhand einer Beobachtung entdeckte. Der Kapitän jedoch, der diese Meere wie seine Westentasche kannte, ordnete an, sämtliche Vorkehrungen für einen Sturm zu treffen, der dann auch prompt am nächsten Tage ausbrach. Da nämlich kam ein tüchtiger Südpüster auf, auch südlicher Monsun geheißen. [...]

Am 16. Tage des Juni anno 1703 erspähte ein Schiffsjunge in der Marsstenge Land. Am 17. kam eine große Insel in Sicht oder gar ein ganzer Erdteil (denn wir wussten ja nicht, ob es das eine oder das andere war), an deren oder dessen Südseite eine kleine Landzunge ins Meer ragte, und diese formte eine Bucht, zu flach, als dass ein Schiff von ungefähr einhundert Tonnen dort hätte anlegen können.

Neues Entdecken

Wie in den Texten zu lesen ist, unterscheidet sich die heutige Art zu reisen sehr von der in früheren Zeiten. Oft geben Abenteuerromane vor allem die romantische Seite des harten Überlebenskampfes wieder.

AUFGABE

1. Vergleichen Sie die beiden Texte. Was fällt Ihnen auf?
2. Recherchieren Sie Gullivers Reise.

1 Top-20-Zielländer für deutsche Auswanderer 2007

Mehr Deutsche wandern aus

Immer mehr Deutsche wandern aus. Im Jahr 2007 wurde mit 161.105 Auswanderungen der höchste Stand seit über 50 Jahren erreicht. Insgesamt verließen 636.854 Menschen im vergangenen Jahr Deutschland, darunter 475.749 Ausländer. Allerdings kamen der Statistik zufolge auch rund 100.000 Deutsche wieder zurück. Zudem zogen 574.752 Ausländer nach Deutschland.

Auswandern

Sich den Lebensunterhalt in der Fremde zu verdienen, ist heute wie früher ein Motiv, seine Heimat zu verlassen. Ab Mitte der 1950er Jahre warben vor allem die deutsche Automobil- und Montanindustrie Arbeitskräfte aus Italien, Spanien, dem früheren Jugoslawien und Griechenland an.

Ab 1960 waren auch die Türkei und Portugal sogenannte Anwerbeländer. Heute darf fast jeder EU-Bürger in allen Ländern der Europäischen Union leben und arbeiten.

Tab. 1: Hauptgründe fürs Auswandern

Ich sehe hier für mich keine Zukunft mehr.	21,3 %
Ich will ein anderes Klima.	15,9 %
Ich will eine neue Herausforderung.	13,8 %
In Deutschland ist vieles festgefahren, Bürokratie, ...	12,7 %
Mich reizen andere Lebensumstände und Menschen.	11,5 %
Ein idyllisches Haus, Ruhe und Sonne.	7,3 %

AUFGABE

1. Klären Sie den Begriff „Montanindustrie“.
2. Beschreiben Sie das Diagramm 1.
3. Recherchieren Sie
   - die Arbeitsmarktsituation,
   - die Ausbildungsmöglichkeiten,
   - das Klima,
   - die Kultur,
   - die Essgewohnheiten,
   - die Einstellung gegenüber Fremden

   in einem dieser Länder.
4. Welche Gründe können Sie sich vorstellen, Ihre Heimat auf unbestimmte Zeit zu verlassen?

Zum Beispiel Schweden

Die Familie in Deutschland und die Kinder von der Schule abgemeldet, Koffer gepackt und in der neuen Heimat ein Dach über dem Kopf – nun kann es losgehen. Doch es ist extrem wichtig, schon einen halbwegs sicheren Job im Auswanderungsland zu haben, wenn man nicht sehr viele Euros auf dem Bankkonto hat. Auch Schweden wartet nicht auf die Auswanderer, um ihnen gleich den Traumjob in die Hand zu drücken.

Es gibt genügend Arbeitslose in Schweden. Bestimmte Berufe, vor allen Dingen im medizinischen Bereich und verschiedene handwerkliche Facharbeiter, sind Mangelware.

Für die Anerkennung eines Diploms oder eines Gesellenbriefes muss man einiges tun. Wer in Deutschland Krankenschwester war, kann auch in Schweden im Krankenhaus arbeiten, aber sie muss ganz unten anfangen, denn die Ausbildung zur Krankenschwester dauert in Schweden etwas länger und ist ein Hochschulstudium. Lernwillige werden bis zum 52. Lebensjahr bei Fortbildungen, einem Studium oder einer Umschulung finanziell unterstützt.

So geht es nicht: Eine ca. 35 Jahre alte Frau hatte nach einem halben Jahr die Nase gestrichen voll. Auch sie hatte in Zeitungsberichten gelesen, dass man in Schweden Personal im medizinischen Bereich suchte. Sie war mit der Überzeugung ausgewandert, eine Stelle als Krankenschwester zu bekommen, obwohl sie selber nur eine abgebrochene Lehre als Kellnerin vorweisen konnte. Im pflegerischen Bereich hatte sie bisher nie gearbeitet. Dass man ihr vorschlug, zuerst die Sprache zu lernen, um eine Ausbildung in Schweden machen zu können, empfand sie als Zumutung.

Wer den Wunsch hat, auszuwandern, sollte sich vorher gründliche Gedanken machen, was das für ihn, seine berufliche Perspektive, seine Familie und seinen Freundeskreis bedeuten würde.

> **Die Zukunft soll man nicht voraussehen wollen, sondern möglich machen.**
> *Antoine de Saint-Exupéry*

Bei jeder Entscheidung geht es darum, für sich den richtigen Schritt zu finden. Damit der Traum nicht zum Albtraum wird, sind neben den positiven Seiten auch mögliche negative zu beachten. Viele Auswanderer kehren nach Deutschland zurück, wenn sie es auch nach mehreren Jahren nicht schaffen, sich beruflich und kulturell einzuleben oder in der Fremde Freunde zu finden.

AUFGABE

5. Nehmen Sie Stellung zum Zitat.
6. Welche Tipps entnehmen Sie dem Text über Schweden?
7. Wie würden Sie ein Projekt „Auswandern“ angehen?
8. Was wäre Ihr Zielland, warum?
9. Mit welchen Schwierigkeiten müssen Sie rechnen?

ZUSAMMENFASSUNG

Sprechen und Zuhören

- Träume erzählen
- berichten
- Meinungen äußern

Lesen und Schreiben, mit Medien umgehen

- Schaubilder anfertigen
- Reisebericht
- Parallelgedicht
- Erzählung fortführen

Sprachregeln und Sprachgebrauch untersuchen

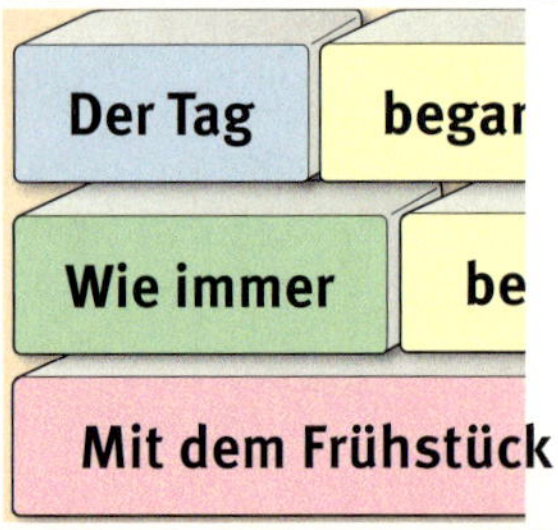

- Zeichensetzung in der wörtlichen Rede
- Wortfamilie, Synonyme
- Fremdwörter
- Oberbegriffe
- Umstellprobe, Ersatzprobe
- Satzbau, Satzarten

Arbeitstechniken

- Mind-Map
- Portfolio
- Zeitmanagement
- Fünf-Stufen-Lesemethode
- markieren, Randnotizen

Den Alltag im Blick 3

3.1 Freie Zeit genießen

Langeweile oder Freizeitstress?

3.2 Arbeiten gehen

Arbeiten:
Muss ich?
Will ich?
Darf ich?
Kann ich?

3.3 Mit anderen Menschen leben

Welche Beziehungen gehe ich ein?
Wie gehe ich damit um?
Was tue ich dafür?

1 Zeit

3.1 Freie Zeit genießen

Zeit ist etwas Geheimnisvolles: Man kann sie nicht sehen, aber messen, man kann sie nicht festhalten – und doch lassen die Menschen sich von ihr bestimmen.

Jeder Mensch hat unterschiedliche Ansichten darüber, was Zeit ist, hat eine unterschiedliche Wahrnehmung der Zeit: Was dem einen als lange Zeitspanne erscheint, kann für einen anderen nur ein kurzer Augenblick sein.

Die Zeit wird verschieden eingeteilt, z. B. in:

- Sekunden, Stunden, Tage, ...
- Jahreszeiten
- Schulzeit, Lehrzeit, ...
- Gegenwart, Vergangenheit, Zukunft
- Halbzeit, Bestzeit (im Sport), ...

Der Alltag schließlich wird von den meisten Menschen eingeteilt in

- Arbeitszeit und
- Freizeit mit Zeit für Beziehungen.

Was bedeutet Freizeit?

Freizeit bedeutet grundsätzlich:

- freie Zeit haben,
- Zeit ohne Verpflichtung, ohne ein „Muss",
- über sie verfügt und entscheidet man selbst,
- sie soll der Entspannung dienen und einen Gegenpart zur Arbeitszeit darstellen.

AUFGABE

1. Klären Sie unbekannte Wörter in 1, z. B. mit einem Wörterbuch.
2. Sprechen Sie über die Aussagen in 1. Was trifft auf Sie zu?
3. Überlegen Sie sich weitere Sprichwörter und Aussagen.
4. Wie sieht Ihr Tagesablauf aus?
   a) Erstellen Sie einen Zeitplan.
   b) Was davon ist Freizeit?
5. Wie sieht der Tagesablauf aus
   a) bei den Eltern,
   b) beim Lehrer/der Chefin?

Zeit sparen

Antoine de Saint-Exupéry

„Guten Tag“, sagte der kleine Prinz.

„Guten Tag“, sagte der Händler.

Er handelte mit absolut wirksamen, durststillenden Pillen. Man schluckt jede Woche eine und spürt überhaupt kein Bedürfnis mehr, zu trinken.

„Warum verkaufst du das?“, sagte der kleine Prinz.

„Das ist eine große Zeitersparnis“, sagte der Händler. „Die Sachverständigen haben Berechnungen angestellt. Man erspart dreiundfünfzig Minuten in der Woche.“

„Und was macht man mit diesen dreiundfünfzig Minuten?“

„Man macht damit, was man will ...“

„Wenn ich dreiundfünfzig Minuten übrig hätte“, sagte der kleine Prinz, „würde ich ganz gemächlich zu einem Brunnen laufen ...“

Gefühlte Zeit

Langeweile haben meint eigentlich: viel Zeit haben, innehalten, sich keinen Stress machen. Diese positive Bedeutung ist weitgehend verloren gegangen, denn die meisten Menschen empfinden Langeweile als Zeit, die endlos ist, die nicht vergeht.

Das Wort Kurzweil wird verwendet, um anzudeuten, dass die Zeit „wie im Flug“, also schnell vergeht.

Niemand will sich in der Freizeit langweilen. Die Vorstellung davon, was langweilig ist, ist aber von Mensch zu Mensch sehr unterschiedlich. Ein Fußballspiel ist für manche das Höchste an Spannung und Spaß, für andere ist ein Spaziergang am Abend die schönste Freude. Freizeit heißt auch nicht, unbedingt etwas tun müssen. Sie ist da, um aufzutanken und Luft zu holen für Leib und Seele.

Freizeitstress

Das Angebot der Freizeitindustrie weckt Wünsche und Bedürfnisse, und die Werbemacher verstehen ihr Handwerk.

Vieles gehört schon fast zum Alltag dazu, jedenfalls meinen das manche. Sie denken, sie müssten überall dabei sein. Sie denken aber nicht daran, ob sich das zeitlich auch einrichten lässt.

AUFGABE

6. Welche Vorstellung von Zeit hat der Händler, welche hat der kleine Prinz?

7. Welche Vorstellung entspricht Ihnen mehr?
Begründen Sie Ihre Meinung.

Alles hat seine Zeit

Alles hat seine Zeit.
Jede Sache unter dem Himmel hat ihre Stunde.

Das Leben hat seine Zeit und das Sterben,
das Pflanzen hat seine Zeit und das Ausreißen,
das Verwunden hat seine Zeit und das Heilen,
das Lachen hat seine Zeit und das Weinen,
das Trauern hat seine Zeit und das Schweigen.

Es gibt eine Zeit zum Suchen und eine Zeit zum Verlieren,
eine Zeit zum Aufbewahren und eine Zeit zum Wegwerfen,
eine Zeit zum Zerreißen und eine Zeit zum Instandsetzen,
eine Zeit, sich zu umarmen, und eine Zeit, sich aus dem Weg zu gehen,
eine Zeit zu lieben und eine Zeit zu hassen,
eine Zeit für den Krieg und eine Zeit für den Frieden.

Alles hat seine Zeit.
Jede Sache unter dem Himmel hat ihre Stunde.

Freie Zeit nutzen

Kein Mensch ist wie der andere,

- der eine braucht viel Schlaf, der andere ...?
- der eine ist schnell, der andere ...?
- der eine ist fleißig, der andere ...?

AUFGABE

1. Woher stammt der Text oben?
2. Welche der genannten Tätigkeiten sind auch für Sie wichtig?
3. Finden Sie weitere Tätigkeiten, für die Sie Zeit brauchen.
4. Welche der oben genannten Möglichkeiten sind für Sie Freizeitgestaltung, was wäre ein Muss?
5. Geben Sie dazu Beispiele.

Heute haben die Menschen viel mehr Freizeit als in früheren Jahrhunderten.

AUFGABE

6. Ist dies tatsächlich so? Begründen Sie Ihre Antwort.
7. Welche Rolle spielen in Ihrer Freizeit:
   a) das Handy
   b) der Computer / Computerspiele
   c) Kino / Fernsehen
   d) Lesen
   e) Sport / Spiele ohne Computer
   f) Gespräche mit Freunden, Eltern
   g) Erholung, Schlaf

Ordnen Sie zu:

- groß
- mittelmäßig
- gering

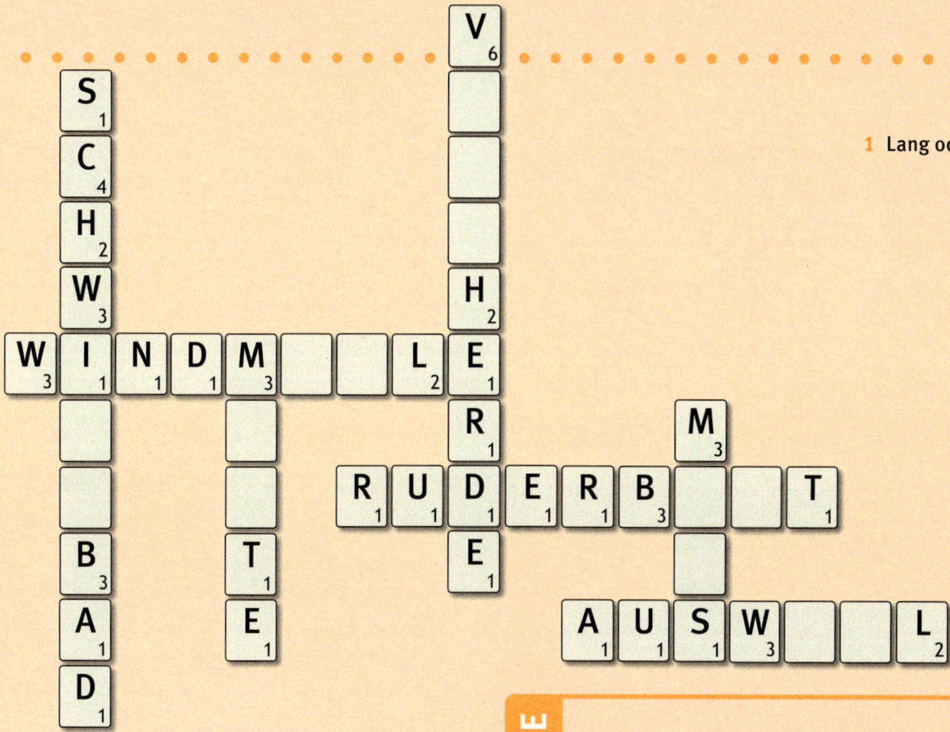

1 Lang oder kurz?

Lange und kurze Vokale und Umlaute

Die deutsche Sprache kennt folgende Vokale:
a – e – i – o – u
und folgende Umlaute: ä – ö – ü

Die Kürze/Länge ist in den meisten Fällen bei deutlichem Sprechen hörbar.

Grundregeln:

- Lang gesprochene Vokale werden beim Schreiben oft besonders gekennzeichnet:
  a) es kann ein „h“ folgen
  bei a – e – i – o – u – ä – ö – ü
  Beispiele: die Ausw**ah**l, das M**eh**l, die **Uh**r
  b) der Vokal wird manchmal verdoppelt
  bei a – e – o,
  das „i“ wird manchmal zu „ie“ oder „ieh“
  Beispiele: der **Aa**l, die M**ie**te, das V**ieh**
- Es kann aber auch beim einfachen Vokal bleiben. Beispiele: der W**a**l, der M**o**nd, der H**u**t, der **I**gel
- Werden Vokale kurz gesprochen, wird der folgende Konsonant manchmal verdoppelt. Beispiele: die S**o**n**n**e, die W**a**n**n**e, die H**ü**l**l**e

AUFGABE

8. Legen Sie eine Tabelle an nach unten abgebildetem Muster.

Tragen Sie in die erste Spalte untereinander die Vokale/Umlaute ein, und ordnen Sie die fett gedruckten Wörter unten in die Tabelle ein:

Vokal/ Umlaut	Dehnung mit h	Verdopp-lung	einfacher Vokal

das Ruder**bo…t**, **Grü…ße** ausrichten, das **grü…ne Gra…s**, **wi…so**?, **hi…nauf**, der **Wa…l** ist ein **Me…r**essäugetier, **Flö…tento…n**, das Hoch**mo…r**, **ho…len**, das **Mo…s** in der **Wi…se**, **Ho…lunder**, die Abend**kü…le**, die Erd**be…re**, **hi…rauf**, Temperatur**fü…ler**, die **Sa…ne** schmilzt.

9. Legen Sie folgende Tabelle an, und tragen Sie die Wörter von unten ein:

zwei verschiedene Konsonanten	Doppel-Konsonant

Höl…e, Hal…e, Kün…digung, sün…digen, Win…d, gewin…en, Wal…d, wol…en, bun…t, Brun…en, Lun…gen

1 **Inhaltsangabe**

Inhaltsangaben schreiben

Die **Inhaltsangabe** **1** ist wie jede andere Aufsatzart eingeteilt in

- **Einleitung**
- **Hauptteil**
- **Schluss**

Die Inhaltsangabe soll informieren. Um das zu erreichen, müssen bestimmte Regeln eingehalten werden:

Gliederung der Inhaltsangabe in:

- **Einleitung:** Autor / Autorin, Titel, Art der Vorlage nennen und kurze Aussage, worum es geht,
- **Hauptteil:** das wichtigste Geschehen in der zeitlichen Abfolge wiedergeben,
- **Schlusssatz:** eigene Meinung zum Text / zum Thema formulieren.

Die drei Teile werden durch Absätze voneinander getrennt.

Sprache:

- im Präsens schreiben
- keine direkte Rede verwenden, z. B.:

nicht so:	sondern so:
„Warum verkaufst du das?“, fragt der kleine Prinz.	Der kleine Prinz fragt, warum er das verkaufe.

- keine Einzelheiten nennen, nur das Wichtigste mit eigenen Worten wiedergeben, z. B.:

nicht so:	sondern so:
Ein winziges Stückchen trockenes, rissiges Brot.	Ein Stück altes Brot.

- sachlich bleiben

Vorgehensweise:

- Den Text mehrmals sorgfältig durchlesen.
- Den Text in Sinnabschnitte einteilen.
- Jedem Abschnitt eine Überschrift geben.

Die Taube und die Ameise

Jean de La Fontaine

An einem heißen Sommertag flog eine durstige Taube an einen kleinen, rieselnden Bach. Sie girrte vor Verlangen, neigte ihren Kopf und tauchte den Schnabel in das klare Wasser. Hastig saugte sie den kühlen Trunk. Doch plötzlich hielt sie inne. Sie sah, wie eine Ameise heftig mit ihren winzigen Beinchen strampelte und sich verzweifelt bemühte, wieder an Land zu paddeln.

Die Taube überlegte nicht lange, knickte einen dicken, langen Grasstängel ab und warf ihn der Ameise zu. Flink kletterte diese auf den Halm und krabbelte über die Rettungsbrücke an Land. Die Taube brummelte zufrieden, schlürfte noch ein wenig Wasser und sonnte sich danach auf einem dicken, dürren Ast, den der Blitz von einem mächtigen Baum abgespalten hatte und der nahe am Bach lag.

Ein junger Bursche patschte barfüßig durch die Wiesen zum Wasser. Er trug einen selbst geschnitzten Pfeil und Bogen. Als er die Taube erblickte, blitzten seine Augen auf. „Gebratene Tauben sind meine Lieblingsspeise“, lachte er und spannte siegesgewiss seinen Bogen.

Erbost über dieses unerhörte Vorhaben gegen ihre gefiederte Wohltäterin kroch die Ameise behände auf seinen Fuß und zwickte ihn voller Zorn. Der Taugenichts zuckte zusammen und schlug mit seiner Hand kräftig nach dem kleinen Quälgeist. Das klatschende Geräusch schreckte die Taube aus ihren sonnigen Träumen auf, und eilig flog sie davon.

Aus Freude, dass sie ihrem Retter danken konnte, biss die Ameise noch einmal kräftig zu und kroch dann wohl gelaunt in einen Maulwurfshügel.

AUFGABE

1. Schreiben Sie den Hauptteil einer Inhaltsangabe von diesem Text.
2. Formulieren Sie nun die Einleitung.
3. Formulieren Sie zuletzt den Schlussteil mit Begründung.

Alltag *Robert Gernhardt*

Ich erhebe mich.
Ich kratze mich.
Ich wasche mich.
Ich ziehe mich an.
Ich stärke mich.
Ich begebe mich zur Arbeit.
Ich informiere mich.
Ich wundere mich.
Ich ärgere mich.
Ich beschwere mich.
Ich rechtfertige mich.
Ich reiße mich am Riemen.
Ich entschuldige mich.
Ich beeile mich.
Ich verabschiede mich.
Ich setze mich in ein Lokal.
Ich sättige mich.
Ich betrinke mich.
Ich amüsiere mich etwas.
Ich mache mich auf den Heimweg.
Ich wasche mich.
Ich ziehe mich aus.
Ich fühle mich sehr müde.
Ich lege mich schnell hin.

Was soll aus mir mal werden,
wenn ich mal nicht mehr bin?

+ Worin besteht die optische Täuschung des Bildes? Welcher Zusammenhang besteht zwischen Text und Bild?

3.2 Arbeiten gehen

Arbeit wird ganz verschieden bewertet:

„Arbeit ist das Salz in der Suppe des Lebens.“

„Arbeit ist das halbe Leben.“

„Der Tag könnte so schön sein,
wenn man nicht arbeiten müsste.“

Muss Arbeit sein?
Verdirbt Arbeit wirklich den Tag?
Hat Arbeit auch ihre guten Seiten?

AUFGABE

1. Welche Vorstellung von Arbeit haben Sie? Begründen Sie Ihre Meinung.
2. Was beschreibt der oben abgedruckte Text?
3. a) In wie vielen Zeilen wird im Text vom Arbeitsalltag gesprochen?

   b) Wie beeinflusst die Arbeit den übrigen Tagesablauf?

   c) Klären Sie die Bedeutung des letzten Satzes.

Ziele

Willst du ein Schiff bauen,
so rufe nicht die Menschen zusammen,
um Pläne zu machen,
Arbeit zu verteilen,
Werkzeuge zu holen
und Holz zu schlagen,
sondern lehre sie die Sehnsucht
nach dem großen endlosen Meer.

Was ist Arbeit?

Arbeit ist eine Tätigkeit, die der Mensch ausübt. Es gibt völlig unterschiedliche Tätigkeiten:

- einer arbeitet am Fließband,
- eine andere sitzt im Supermarkt an der Kasse,
- wieder ein anderer pflanzt Blumen in seinem Garten.

Aber auch das wird als Arbeit bezeichnet:

- eine Schauspielerin, die jeden Abend auf der Bühne steht,
- ein Bildhauer, der eine Steinfigur bearbeitet,
- ein Sportler, der trainiert,
- die Hausfrau und der Hausmann, die putzen, kochen, Kinder versorgen.

Arbeit kann also ganz unterschiedlich sein.

Menschliche Arbeit lässt sich grundsätzlich einteilen in Erwerbsarbeit und nicht bezahlte Arbeit.

Das Wort Arbeit leitet sich her von „orbu" = Knecht. Diese Bedeutung ist nachvollziehbar, denn die meisten Menschen arbeiten, um sich ihren Lebensunterhalt zu verdienen.

Arbeit ist nicht immer Notwendigkeit. Manche hätten es nicht nötig zu arbeiten, trotzdem tun sie es. Andere arbeiten aus freien Stücken, um sich ihr Umfeld lebenswert zu gestalten, wie der Mensch in seinem Garten.

Arbeit stärkt das Selbstwertgefühl.

AUFGABE

4. Ist Lernen auch Arbeit? Begründen Sie Ihre Meinung.
5. Was ist Ihnen wichtig in Ihrem späteren Arbeitsalltag? Begründen Sie Ihre Aussage.
6. Wie sollte Arbeit nach dem Text „Ziele" funktionieren? Lässt sich das immer verwirklichen?

Auf und nieder

Etwa eine Milliarde Menschen benutzen täglich einen Fahrstuhl. Ganz selbstverständlich besteigen sie die Kabinen, die alle 72 Stunden die komplette Bevölkerung der Erde senkrecht in die Höhe befördern – und das mit immer größerer Geschwindigkeit: Die schnellsten von ihnen schießen mit 60 Stundenkilometern durch die Schächte, beispielsweise im höchsten Gebäude der Welt: dem Taipei 101 in Taiwan. 509 Meter misst er. In Zukunft soll es sogar noch höher hinausgehen. Sogar an einem Aufzug ins All wird geforscht: Die NASA hat einen Wettbewerb für den „Fahrstuhl zu den Sternen“ ausgeschrieben.

Heute ist der Lift selbstverständliches Transportmittel. Für Menschen galten die seit alters her bekannten Lifte für Lasten jedoch lange als zu unsicher, drohte doch bei einem Riss des Seils der Sturz in die Tiefe – eine Schreckensvision, die in so manchem literarischen oder filmischen Werk verarbeitet wurde. Vor 150 Jahren kam der Durchbruch bei der Personenbeförderung: US-Mechaniker E. Otis stellte 1854 eine Sicherheitsvorrichtung vor.

Drei Jahre später wurde in New York der erste Personenaufzug in Betrieb genommen. Von da an ging es beim Hausbau hoch hinaus, waren die oberen Etagen doch nun bequem erreichbar.

Hatten die wohlhabenden Herrschaften zuvor in den unteren Stockwerken, der Beletage, gewohnt und die stickigen Dachkammern den Dienstboten überlassen, galt es zunehmend als schick, das Penthouse zu beziehen.

AUFGABE

1. Klären Sie unbekannte Begriffe und Namen im Text „Auf und nieder“.
2. Geben Sie mit eigenen Worten den Inhalt des Textes „Auf und nieder“ wieder.
3. Welchen Bezug hat der Text zum Thema „Arbeit“?
4. Welchen Unterschied in der äußeren Form zum Text auf Seite 76 stellen Sie fest?

i

Piktogramme sind einfache bildliche Zeichen.
Ihr Vorteil ist, dass sie ohne Lesen und Kenntnis einer Sprache verstanden werden können.
Ihr Nachteil ist, dass sie nicht immer eindeutig sind.

AUFGABE

5. Wo könnten die Piktogramme 1 jeweils zu finden sein? Erklären Sie ihre Bedeutung.

1 Piktogramme

Sehen, verstehen, schreiben

„Neulich, du, da hab' ich was gesehen, Mensch das war ganz toll, weißt du, es war so, so …“
Jetzt ist der junge Mann sprachlos, er findet nicht mehr die richtigen Wörter, um seiner Freundin zu sagen, was er so toll gefunden hat. Hat er Pech – oder gibt es Tricks und Regeln, die weiterhelfen können?

Etwas Alltägliches spontan und aus der Erinnerung so zu beschreiben, dass andere es sich vorstellen können, erfordert zunächst ein gutes Gedächtnis.

Das allein reicht aber nicht aus. Man muss auch die entsprechenden Wörter und Begriffe kennen und einen „roten Faden“ laufen lassen, also eine bestimmte Reihenfolge einhalten.

Der Zweck einer Beschreibung ist immer die Information. Deshalb muss alles so genau wie möglich dargestellt werden.

Merkmale einer gelungenen **Beschreibung**:

- Alles beim richtigen Namen nennen mit:
  - treffenden Substantiven,
  - treffenden Verben,
  - anschaulichen Adjektiven,
  - anschaulichen Vergleichen,
  - Fachausdrücken.
- Eine logische Reihenfolge einhalten:
  - von außen nach innen oder umgekehrt,
  - vom Ganzen zum Einzelnen oder umgekehrt,
  - vom Wichtigen zum weniger Wichtigen,
  - auf besondere Merkmale hinweisen.
- Kurze, sachliche Sätze verwenden. Beschreibungen werden manchmal sogar im Lexikonstil geschrieben, d. h. nur in Stichwörtern.
- Im Präsens schreiben.
- Im Einleitungssatz den Schreibanlass nennen.

1 Fahrstuhl

2 USB-Stick

Gegenstände beschreiben

- Gegenstände haben unterschiedliche
  Formen: rund, eckig, oval, ...
  Farben: rot, blassblau, ...
  Größen: fingerlang, mannshoch, ...
  Oberflächen: rau, gewellt, ...
  Gewichte: 100 g, ...
- Gegenstände bestehen aus den unterschiedlichsten Materialien:
  Holz, Baumwolle, Metall, ...
- Gegenstände machen unterschiedliche Geräusche:
  rasseln, klicken, knattern, ...
- Gegenstände haben unterschiedliche Funktionen und werden dementsprechend unterschiedlich bedient:
  eingeschaltet mit einem Schalter,
  gestartet mit einem Schlüssel, ...
- Gegenstände unterscheiden sich in Zweck und Bedeutung.

Um einen Gegenstand mit Worten sichtbar werden zu lassen, muss alles, was sichtbar, hörbar und fühlbar ist, genannt werden.

AUFGABE

1. Welche Farben hat
   a) menschliches Haar,
   b) das Blatt / die Rinde eines Baumes,
   c) der Himmel?
2. Wie fühlen sich folgende Dinge an:
   a) Holz,
   b) ein Treppengeländer,
   c) ein Wintermantel,
   d) ein Blatt Papier?
3. Bilden Sie folgende Vergleiche:
   a) leicht wie ...
   b) groß wie ...
   c) glatt wie ...
   d) hört sich an wie ...
4. Beschreiben Sie eines der oben abgebildeten Objekte 1, 2.
5. Eine Person beschreibt einen alltäglichen Gegenstand – eine andere fertigt davon eine Zeichnung an.
6. Sie haben Ihre Jacke verloren. Beschreiben Sie diese Jacke so genau wie möglich. Achten Sie dabei auch auf Dinge, die Ihre Jacke von anderen, gleichartigen Jacken unterscheidet.

Omelett

- Eier auf Frische prüfen, in eine Schale einzeln aufschlagen, erst nach Prüfung das einzelne Ei in die gemeinsame Schale zur Weiterverarbeitung geben;
- Eier gut miteinander verquirlen, mit Salz würzen;
- in einer erhitzten Pfanne frische Butter zerlaufen lassen,
- Eimasse zugeben, mit dem Rücken einer Gabel rühren, dabei die Pfanne rütteln;
- wenn die Masse etwas fester wird, Pfanne nach vorne hin schräg halten und die Eimasse an den vorderen Rand der Pfanne gleiten lassen;
- Füllung einlegen, die gebundene Eimasse mit einer Palette umklappen,
- das Omelett auf einen (möglichst vorgewärmten) Teller gleiten lassen.

3 Rezept für ein Omelett

Tätigkeiten und Vorgänge beschreiben

Die Bedienungshinweise für das Handy, die Aufbauanleitung für ein Bücherregal, das Rezept 3 im Kochbuch – sie alle sind typische Beschreibungen eines Vorgangs bzw. einer Tätigkeit.

Auszubildende müssen ein Berichtsheft führen. Darin müssen sie alle Tätigkeiten beschreiben, die sie ausführen.

Um eine gute Vorgangsbeschreibung anzufertigen, müssen Tätigkeiten und Vorgänge
- genau beobachtet und
- der folgerichtige Ablauf eingehalten

werden.

Auch der Zweck der Tätigkeit oder des Vorgangs und mögliche Folgen müssen genannt werden.

Es ist wichtig, alle Tätigkeiten und alle Teile eines Gegenstandes genau zu benennen.

AUFGABE

7. Sammeln Sie treffende Verben, Adjektive und Nomen zu folgenden Gegenständen:
   a) Handy
   b) Armbanduhr
   c) Computertastatur
8. Sammeln Sie treffende Verben, Adjektive und Nomen zu folgenden Tätigkeiten:
   a) Auto waschen
   b) Akku am Handy wechseln
   c) Kuchen backen oder Fleisch zubereiten
9. Beschreiben Sie
   a) eine Tätigkeit, die Sie in Ihrem Praktikumsbetrieb ausführen;
   b) eine Tätigkeit aus dem alltäglichen Leben: Akku am Handy auswechseln, einen Kuchen backen.

Telefonnotiz	Verfasser der Notiz: Datum/Uhrzeit:
Notiz für Frau/Herrn:	
Name des Anrufers:	
Thema des Anrufs:	Bitte um: ☐ Rückruf an Telefon-Nr.: ☐ Fax/E-Mail an: ☐ Erledigung ☐ Sonstiges:

1 Telefon-Notiz-Zettel

Telefonieren

Die gesprochene Sprache wird unbewusst unterstützt durch die Körpersprache (Mimik und Gestik). Beim Telefonieren ist aber die Körpersprache für den anderen nicht sichtbar.

Ein Beispiel: Julia hat eine Ausbildung als Verkäuferin in einem Drogeriemarkt begonnen. Seit fünf Tagen ist sie in der CD-Abteilung.

(Das Telefon klingelt. Julia hebt ab)
„Ja, bitte?"
(Am anderen Ende raschelt Papier, dann eine Frauenstimme:)
„Äh, ja, bin ich richtig im Drogeriemarkt X?"
„Ja, klar, vollkommen richtig."
(Julia sortiert CDs; die Anruferin:)
„Äh, ich wollte fragen, ob Sie das Waschpulver Smily haben."
Julia: „Ja, schon, aber da müssen Sie eine andere Abteilung anrufen."
Julia hört, wie die Anruferin auflegt.

Was halten Sie von diesem Telefonat?

Das Wichtigste beim Telefonieren ist: freundlich, höflich und bestimmt ein Anliegen vortragen oder beantworten.

Das sollte nicht passieren:
- vergessen, über einen Anruf zu informieren,
- sich nicht oder unzureichend melden.

Hilfreich sind:
- einüben, wie man sich meldet: Firmenname – eigener Name – Begrüßung,
- Zettel und Stift bereithalten,
- Uhrzeit, Firmenname und Namen des Anrufers notieren, notfalls nachfragen,
- Inhalt des Gesprächs stichwortartig notieren 1.

AUFGABE

1. Bereiten Sie folgende Anrufe vor, und telefonieren Sie dann:
a) in der Fahrschule einen Termin verlegen;
b) nach einem Praktikumsplatz fragen.

Tab. 1: Wortarten

	Fachbezeichnung	deutsche Bezeichnung	Beispiel
1	Substantiv (Nomen)	Hauptwort (Nennwort)	Mensch, Blatt, Liebe
2	Artikel	Geschlechtswort	der, die, das, ein, eine
3	Verb	Zeitwort (Tätigkeitswort)	rufen, lachen, reden
4	Adjektiv	Eigenschaftswort	schön, groß, laut
5	Pronomen	Fürwort	ich, meine, welcher
6	Numerale	Zahlwort	eins, zwei, viele, alle
7	Adverb	Umstandswort	heute, hier, gerne
8	Präposition	Verhältniswort	auf, zwischen, neben
9	Konjunktion	Bindewort	und, weil, denn
10	Interjektion	Ausrufewort, Empfindungswort	Aua! Hurra!

+ Wie viele und welche grammatikalischen Personen gibt es in der deutschen Sprache? Nennen Sie diese.

Richtig schreiben und sprechen – im Arbeitsleben unverzichtbar

Die Sprache besteht aus einzelnen Lauten, die zu Silben zusammengesetzt werden, die Silben werden dann zu Wörtern verbunden. Die Wörter werden in unterschiedliche Arten eingeteilt.
Diese **Wortarten** erfüllen beim Sprechen unterschiedliche Aufgaben. Die in Tabelle 1 genannten deutschen Bezeichnungen geben einen Hinweis darauf, welche das sind.

Die drei Wortarten
- Substantiv
- Verb
- Adjektiv

sind die wichtigsten Wortarten, denn sie vermitteln Kerninformationen.

Die übrigen Wortarten verbinden diese drei Wortarten zu sinnvollen Sätzen.
Beispiel: Die drei Wörter: Telefon – klingeln – schwarz werden zum Satz: Das schwarze Telefon dort an der Wand klingelt.

Die Wortarten 1–6 in Tabelle 1 ändern sich. Sie passen sich der Person, der Zahl, der Aussageweise und der Zeit an.
Beispiel „singen“:
Fragen nach Person und Zeit: wer? wann?
Antwort: Du hast gesungen.

AUFGABE

2. Schreiben Sie aus dem Text „Ziele“ auf Seite 77 alle Substantive heraus, und ordnen Sie diese nach Singular und Plural.

3. Setzen Sie im Text „Alltag“ auf Seite 76, Zeile 1–7, alle Verben in die Zeitformen

a) Präteritum,

b) Futur I.

Beispiel Zeile 18:
Ich betrinke mich.
Ich betrank mich – Ich werde mich betrinken.

Eifersucht *Tanja Zimmermann*

Diese Tussi! Denkt wohl, sie wäre die Schönste.
Juhu, die Dauerwelle wächst schon heraus.
Und diese Stiefelchen von ihr sind auch zu albern.
Außerdem hat sie sowieso keine Ahnung.
Von nix und wieder nix hat die 'ne Ahnung.
Immer, wenn sie ihn sieht, schmeißt sie die Haare zurück wie 'ne Filmdiva.
Das sieht doch ein Blinder, was die für 'ne Show abzieht. Ja, okay, sie kann ganz gut tanzen, besser als ich. Zugegeben.
Hat auch 'ne ganz gute Stimme, schöne Augen, aber dieses ständige Getue.
Die geht einem ja schon nach fünf Minuten auf die Nerven.
Und der redet mit der ... stundenlang. Extra nicht hingucken. Nee, jetzt legt er auch noch den Arm um die. Ich will hier weg! Aber aufstehen und gehen, das könnte der so passen. Damit die ihren Triumph hat. Auf dem Klo sehe ich in den Spiegel, finde meine Augen widerlich, und auch sonst, ich könnte kotzen. Genau, ich müsste jetzt in Ohnmacht fallen, dann wird ihm das schon leid tun, sich stundenlang mit der zu unterhalten.
Als ich aus dem Klo komme, steht er da: „Sollen wir gehen?"
Ich versuche es betont gleichgültig mit einem Wenn-du-willst, kann gar nicht sagen, wie froh ich bin. An der Tür frage ich, was denn mit Kirsten ist. „O Gott, eine Nervtante, nee, vielen Dank!"
„Och, ich find die ganz nett, eigentlich", murmel ich.

3.3 Mit anderen Menschen leben

Menschen sind soziale Wesen. Das bedeutet, dass der Einzelne auf das Zusammenleben mit anderen Menschen angewiesen ist:

- in der Familie,
- in der Schule,
- in der Stadt, ...

Es bedeutet, dass Menschen in vielerlei Beziehungen zueinander stehen. Lebten Sie für sich allein, gäbe es keine Beziehungen – und keine Probleme damit.

! Vertrauen ist die Grundlage dafür, dass Beziehungen funktionieren.

AUFGABE

1. Wo spielt das im Text „Eifersucht" beschriebene Geschehen?
2. Wie alt sind die handelnden Personen?
3. In welcher Beziehung stehen diese Personen zueinander?
4. Wie hätten Sie an Stelle der Ich-Erzählerin reagiert?
5. Was bedeutet Eifersucht?
6. Welche Gründe nennen Menschen für ihre Eifersucht?
7. Ist Eifersucht immer auf eine Person bezogen? Begründen Sie Ihre Antwort.

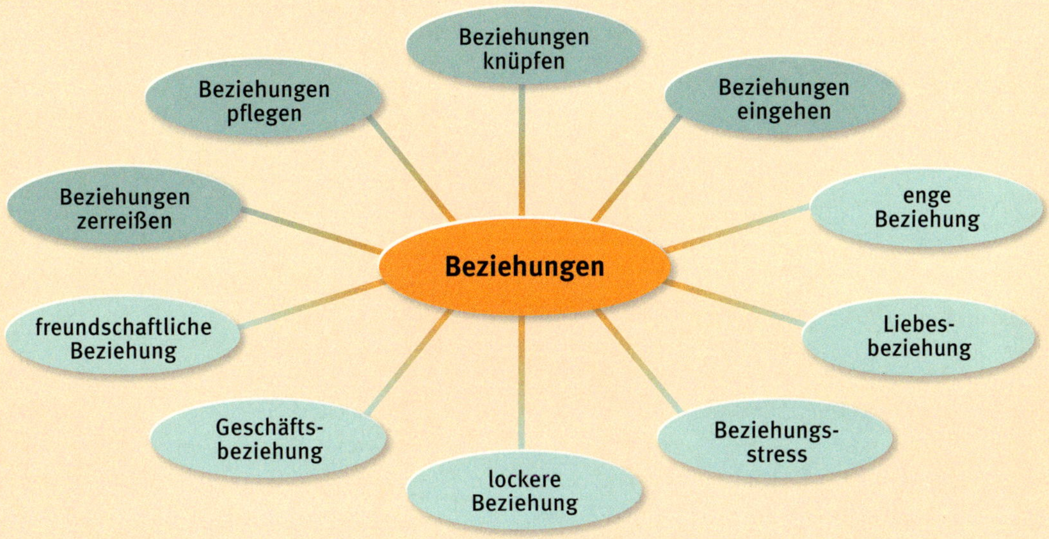

1 Beziehungen ...

AUFGABE

8. Formulieren Sie Fragen der unterschiedlichen Arten (Tab. 1) mit den Begriffen aus 1.

9. Welche Frageart wird in der Titelmelodie der „Sesamstraße" verwendet?

10. Finden Sie zu folgenden Antwortsätzen die jeweils richtige Frage:
a) Ich gehe ins Kino.
b) Nein, ich habe kein Auto.
c) Diesen Hut habe ich in Spanien gekauft.
d) Ich möchte Spanisch lernen.
e) Das Auto schlittert um die Kurve.

Fragen stellen – Antworten erwarten

„Wer, wie, was? Der, die, das. Wieso, weshalb, warum? Wer nicht fragt, bleibt dumm!" (Titelmelodie der Sesamstraße)
„Es gibt keine dummen Fragen, sondern nur dumme Antworten."
Diese beiden Redewendungen sind bekannt. Und ihre Aussagen stimmen:

Richtige Fragen zeigen, dass jemand zuhört. Und nur wer das tut, kann gute und richtige Fragen stellen.

Tab. 1: Fragearten

Entscheidungsfrage (geschlossene Frage)	Ergänzungsfrage (offene Frage)
• beginnt mit Prädikat (Satzfrage)	• beginnt mit Fragewort (W-Fragen)
• verlangt eine Entscheidung	• ergänzt das Fragewort
• verlangt eine Alternative	• verlangt eine Information
Beispiele: Schmeckt der Apfel? Willst du den oder jenen Apfel?	Beispiele: Wie schmeckt der Apfel? Woher kommt der Apfel?

Busfahrer-Folklore

Ein Busfahrer erzählt, was er von einem Kollegen gehört hat:
Wir sind auf einem Kegelausflug mit einer Truppe aus Hamburg, Rückfahrt. Der Leiter der Gruppe fragt nach jedem Stopp im Bus: „Hat jeder auch seinen Nebenmann/Hintermann bei sich?“, um sicherzugehen, dass niemand versehentlich zurückbleibt. Auf dem Rasthof Kassel dieselbe Frage. Da sieht er plötzlich einen leeren Platz neben einer Frau, die mit ihrem Mann unterwegs ist. „Wo ist denn ihr Mann geblieben?“ – „Ich vermute mal, auf dem Rasthof in Bruchsal. Der ist mir die ganze Zeit auf die Nerven gegangen: Das Essen war nicht richtig, das Wetter passte ihm nicht, die anderen Reisenden gingen ihm gegen den Strich, das Programm war nicht in seinem Sinn ... Und das ging auf der Rückfahrt schon wieder los. Da habe ich in Bruchsal gedacht, er soll doch mal sehen, wie er alleine zurückkommt. Geld hat er keins, da muss er schon per Anhalter weiter.“

Beziehungen pflegen

Neben dem Vertrauen als Grundlage für eine gute Beziehung ist es wichtig, einen anderen Menschen so anzunehmen, wie er ist. Niemand sollte versuchen, andere nach den eigenen Vorstellungen zu formen. Selbst sollte man sich auch nicht verbiegen, nur um so zu sein, wie eine andere Person das will.

Das heißt aber nicht, dass in einer Beziehung alles kritiklos angenommen und hingenommen werden muss. In einer guten Beziehung kann, darf und muss Kritik geäußert werden, ohne dass die andere Person gleich beleidigt ist oder die Beziehung beendet. Genauso wichtig ist es, selbst Kritik anzunehmen.

Familiäre Beziehungen ergeben sich von selbst, alle anderen werden frei gewählt.

! Kritik muss berechtigt und hilfreich sein. Vertrauen und sich Zeit nehmen sind die Grundlage für eine gute Beziehung.

Beziehungen müssen gepflegt werden, damit sie gut werden oder bleiben. Gut ist nicht als Gegenteil von schlecht zu verstehen, sondern als Gegenteil von: keine Beziehung haben oder eingehen. Um Beziehungen zu pflegen, braucht man Zeit.

AUFGABE

1. Beschreiben Sie die Beziehung des Ehepaares.
2. Wie alt ist die Frau?
3. Wie stellen Sie sich die beiden vor?
4. Was halten Sie von der Reaktion der Frau?
5. Zu welchen Personen sind Ihnen gute Beziehungen wichtig?
6. Wie viele gute Beziehungen kann ein Mensch haben? Begründen Sie Ihre Meinung.

Leben wär' eine prima Alternative
Maxie Wander

An Ernst R., Wien – 5. Oktober 1976
Zu Hause – ich bin zu Hause, verstehst du das? Und ich genieße unseren Garten, leg eine Platte auf, bereite uns ein gutes Essen ... Alles ist fremd und wie verzaubert. Wir wissen nicht, was wir haben, erst wenn die Wände zittern und der Boden unter unseren Füßen wankt, wenn diese Welt einzustürzen droht, ahnen wir, was Leben bedeutet ... der Schmerz erinnert mich, lässt mich aufhorchen und mich besinnen! ... Lass einen Menschen drei Tage keine Schmerzen haben und er vergisst. Wir stumpfen rasch ab.

An Fred Wander – 8. November 1976
Weil ich gestern zu schwach war, um Dir zu schreiben, und weil Du heute nicht kommst, will ich Dir schreiben, damit Du morgen Abend was zu lesen hast von mir und nicht so allein bist. Dann streichel ich in Gedanken Deinen Kopf, Deinen Körper. Es kann uns jetzt ja nichts mehr trennen, nur der Tod, und der muss warten, bis wir alles getan haben, was wir wollten, bis wir alles nachgeholt haben. Bin so müde, versuche zu schlafen ... Ich freu mich, dass wir uns wieder anschauen können, nach so langer unbegreiflich schwerer Zeit. Einander anschauen! Wissen wir doch, dass es nicht mehr allzu lange dauern wird, wir haben nicht mehr ein ganzes Leben vor uns, Du!

- Der erste Textauszug ist aus einem Brief von Maxie Wander an einen Freund nach einer Brustoperation.
- Der zweite Textauszug ist aus einem Brief von Maxie Wander an ihren Mann wenige Wochen später.

Maxie Wander stirbt 44-jährig an Krebs. Ihr Mann hat sorgfältig und liebevoll alles gesammelt, was Maxie Wander in einer leidenschaftlichen Auseinandersetzung mit der sich verändernden Lebenssituation geschrieben hat.

Beziehungen können alles sein:
- positiv: wenn man sich gut versteht,
- negativ: wenn man sich nicht versteht,
- neutral: der andere ist unwichtig.

AUFGABE

7. Recherchieren Sie: Wer ist Maxie Wander?

8. Beschreiben Sie die Beziehungen zwischen diesen Menschen.

9. Welchen Unterschied in den Beziehungen dieser Menschen zueinander erkennen Sie im Vergleich mit den Menschen in dem Text „Busfahrer-Folklore“?

10. Wozu brauchen Sie andere Menschen?

11. Wovon hängt es Ihrer Meinung nach ab, mit wem Menschen eine Beziehung eingehen?

1 Wer ist diese Frau?

Meine Tante Else

Meine Tante Else ist mindestens schon über sechzig, aber sie benimmt sich immer noch wie eine 15-Jährige. Ihre Haare sind ursprünglich blond, doch dank der Chemie leuchten sie in einem kräftigen Rot.
Ihre Wimpern und Augenbrauen scheinen gepflegt und verraten ein bisschen Nachhilfe, sind dafür aber schön geschwungen und laufen dünn aus. Ihr Hals ist kurz und stämmig, der Kopf scheint direkt auf den Schultern zu sitzen. Sie spricht wenig und recht langsam. In der Regel sitzt sie an ihrem Fenster und schaut auf die Straße. Dann spricht sie hin und wieder vorbeikommende Passanten an und fragt sie nach deren Befinden ....

Personen beschreiben

Beschreibt man eine Person, sollte sie so anschaulich und genau wie möglich mit Worten gezeichnet werden. Der Leser muss sich die Person vorstellen können, vielleicht sogar nachzeichnen.
Die Aufsatzart ist gegliedert in:

Überschrift: **Personenbeschreibung**
Einleitung:
- Welche Person wird beschrieben?
- Warum wird die Person beschrieben?

Hauptteil:
- Gestalt
- Gliedmaßen
- Kopf
- Gesicht
- besondere Merkmale
- Kleidung

Schluss:
- Wirkung insgesamt

Die Personenbeschreibung wird im Präsens geschrieben.

AUFGABE

1. Beschreiben Sie die Frau in 1.
2. Erstellen Sie eine Tabelle nach dem Muster unten, tragen Sie die genannten Wörter ein, und ordnen Sie diese durch Ankreuzen den passenden Spalten zu: braun, grünbraun, dünn, oval, stark, stoppelig, verschwitzt, modisch, hager, fein, athletisch. Finden Sie selbst weitere Adjektive.

mehrfaches Ankreuzen möglich	Aussehen	Kopf	Ohren	Augen	Haare	Kleidung
abstehend			X			

3. Können Sie sich „Tante Else" vorstellen? Was würden Sie in der Beschreibung verbessern?
4. Verfassen Sie eine Suchmeldung.

Erste große Liebe *Cumali Zengin*

In der Stadt
am Rande eines Hauses
sah ich dort
das erste Mal
meine große Liebe
alles klar
doch jetzt
der Traum zerplatzt
Schwarz gelocktes Haar
an deiner Seite
lieben gelernt
meine Seele gewärmt
verlassen
Schicksal entscheidet
kein Gedicht
das Leben

Cumali Zengin, Jahrgang 1991, türkische Staatsangehörigkeit.

Nach der Hauptschule Teilnahme am Berufseinstiegsjahr.

„Erste große Liebe" kam beim Schüler-Lyrik-Wettbewerb 2008 der Mörike-Gesellschaft unter die ersten zehn Plätze.

Kreativ sein

Es gibt keine einheitliche Definition für **Kreativität**. Alle Wissenschaftler sind sich aber über Folgendes einig:

- es ist das Schaffen von etwas Neuem;
- Fantasie und Einfallsreichtum gehören dazu;
- es entsteht etwas Persönliches, Einzigartiges.

Die Anlagen hat jeder Mensch – es hängt nur davon ab, was der Mensch im Laufe seines Lebens daraus macht. Je früher er immer wieder davon Gebrauch macht, desto mehr prägen sich die Anlagen aus.

Alle kreativen Texte wie Erzählungen, Gedichte, Liedtexte haben gemeinsam, dass sie von der Schreibhaltung her persönlich sind.
Sie wollen unterhalten und erreichen das auf unterschiedliche Weise: Sie sind spannend, witzig, traurig, ...

AUFGABE

5. Der Text „Eifersucht" (S. 84) fängt ganz unvermittelt, fast mittendrin, an. Schreiben Sie eine Vorgeschichte zu dem Text.

6. Entnehmen Sie 1 „Beziehungen" auf Seite 85 einen Begriff, und schreiben Sie dazu eine Erzählung.

7. Cumali hat für sein Gedicht einen eigenen Sprachrhythmus gefunden. Formulieren Sie so um, dass ganze Sätze entstehen. Wie wirkt das Gedicht dann? Welche Form finden Sie besser? Warum?

8. Schreiben Sie ein „Elfchen".

1. Zeile: ein Wort
2. Zeile: zwei Wörter
3. Zeile: drei Wörter
4. Zeile: vier Wörter
5. Zeile: ein Wort

Morgens
kühle Luft
berührt mein Gesicht
ich atme tief ein
Leben!

9. Schreiben Sie ein Liebesgedicht.

ZUSAMMENFASSUNG

Sprechen und Zuhören

- telefonieren
- Kritik äußern

Lesen und Schreiben, mit Medien umgehen

- Inhaltsangabe
- Piktogramme
- Beschreibung von:
  - Gegenständen
  - Tätigkeiten und Vorgängen
  - Personen
- kreatives Schreiben

Sprachregeln und Sprachgebrauch untersuchen

- lange und kurze Vokale, Umlaute
- Wortarten
- Entscheidungsfragen
- Ergänzungsfragen

Auf dem Weg zum Beruf 4

4.1 Job oder Ausbildung?

Welche Vorteile und Nachteile haben Ausbildung und Job?
Wo gibt es Informationen?
Welche Voraussetzungen muss ich mitbringen?

4.2 Sich bewerben

Wie sieht eine gute Bewerbung aus?
Wie läuft ein Vorstellungsgespräch ab?

4.3 Aus dem Betrieb berichten

Wie schreibt man einen Praktikumsbericht?
Was gehört in ein Berichtsheft?
Wie führt man ein Protokoll?

1 Job als Tellerwäscher

2 Lehrwerkstatt

4.1 Job oder Ausbildung?

Schnell Geld verdienen 1 oder noch zwei, drei Jahre lernen 2 – diesmal für eine Berufsausbildung: Vor dieser Frage stehen die meisten Schüler im letzten Schuljahr.

Egal, wie die Entscheidung ausfällt, zuerst muss eine geeignete Stelle gefunden werden. Um die Stelle zu bekommen, muss eine Bewerbung geschrieben werden. Der nächste Schritt ist das Vorstellungsgespräch, bei dem der Bewerber einen guten Eindruck hinterlassen will.

Hat man eine Ausbildung begonnen, geht es an das Schreiben von Berichten. Das wird schon während eines Praktikums geübt.

Die schwierigste Entscheidung ist jedoch, ob eine klassische zwei- bis dreijährige Ausbildung in Frage kommt. Eine andere Möglichkeit ist eine Kurzausbildung von einem Jahr. So erwirbt man eine Grundlage als Fachkraft. Schließlich kann man auch direkt in einen Job einsteigen und Geld verdienen.

Leider gelingt es nicht immer, seine Berufswünsche zu verwirklichen. Der Arbeitsmarkt hält keine geeignete Stelle bereit, oder das eigene Zeugnis hat nicht die geforderten Noten. Alternativen sind nötig.

Zuerst sollte ein Blick in die Zukunft gewagt werden. Jetzt ein Job, gleich Geld verdienen – oder lieber: Fachkraft werden ...

AUFGABE

1. Welche Vorstellungen haben Sie von Ihrem zukünftigen Arbeitsplatz?
2. Welche Vorteile und Nachteile hat eine Ausbildung, hat ein Job?
3. Recherchieren Sie die Einkommensunterschiede bei Hauptschulabsolventen mit und ohne Berufsausbildung.

3 www.planet-beruf.de

Informationen sammeln

Eine wichtige Quelle für Informationen ist das Internet, sind **Suchmaschinen** wie www.google.de oder www.yahoo.com. Dort findet man unter einem Suchbegriff, – z. B. Beruf Maurer – viele weiterführende Informationen.

Im Internet gibt es neben konkreten Arbeitsplatzangeboten, z. B. bei www.meinestadt.de, die Plattform www.planet-beruf.de 3. Sie bietet Informationen über sehr viele Berufe. **Planet-Beruf** gibt auch Hilfen, wenn man nach der Schule nicht sofort den Einstieg in das Berufsleben findet.

Die Homepage der Agentur für Arbeit, die man unter www.arbeitsagentur.de findet, bietet in ihrem **Berufenet** Informationen über Berufe aller Art und ihre Ausbildungsbedingungen sowie über Jobs.

Wer lieber Gedrucktes vor sich hat, kann im BIZ (Berufsinformationszentrum) vor Ort auch verschiedene Bücher, Hefte und Faltblätter einsehen und zum Teil auch mitnehmen.

Ein Blick in die örtliche Tageszeitung gibt erste Hinweise auf den Arbeitsmarkt. Der **Stellenmarkt** informiert darüber, welche Berufe gesucht sind. Ausbildungsplatz- oder Stellenangebote für den Wunschberuf sind ein gutes Zeichen.

Jeder muss sich auch selbst unter die Lupe nehmen. Dem einen machen unregelmäßige Arbeitszeiten nichts aus, ein anderer will körperlich arbeiten. Manche arbeiten gerne mit Menschen. Viele wollen ihren Heimatort nicht gerne verlassen, einige zieht es in die Ferne.

AUFGABE

4. Informieren Sie sich über den Beruf Teilezurichter. Tauschen Sie mit einem Partner Ihre Ergebnisse aus. Wo gibt es Gemeinsamkeiten, wo gibt es Unterschiede?

1 Erwartungen der Arbeitgeber

Was der Arbeitgeber erwartet

Die Anforderungen an Berufseinsteiger sind hoch. Neben einem Schulabschluss erwarten die Arbeitgeber auch **Schlüsselqualifikationen** 2 (bestimmte persönliche Verhaltensweisen).

Arbeitgeber bemängeln, dass Bewerber kaugummikauend, in alten Jogginghosen und unpünktlich zum Bewerbungsgespräch erscheinen. Sie sehen Zeugnisse mit 40 Fehltagen, davon 20 unentschuldigt, und legen diese Bewerbungen gleich beiseite.

Neben allgemeinen Erwartungen wie Pünktlichkeit, Zuverlässigkeit und Höflichkeit gibt es noch spezielle Anforderungen in den einzelnen Berufsfeldern 1.

So kann es je nach Beruf besonders auf sauberes Arbeiten, Wetterfestigkeit, Freundlichkeit oder Schnelligkeit ankommen. Diese Anforderungen müssen die Bewerber erfüllen.

AUFGABE

1. Erstellen Sie eine Tabelle aus den Aussagen in 1.

Berufsfeld	Erwartung

2. Suchen Sie sich einen Beruf aus. Denken Sie sich in die Rolle des Arbeitgebers. Was erwarten Sie von Ihrem Mitarbeiter?
3. Stellen Sie Ihre Lösungen in einer Wandzeitung zusammen. Gestalten Sie die Wandzeitung so:

Erwartungen	
Arbeitgeber:	Bewerber:

4. Ordnen Sie auf Ihrer Wandzeitung die Erwartungen der Bewerber den Erwartungen der Arbeitgeber zu.

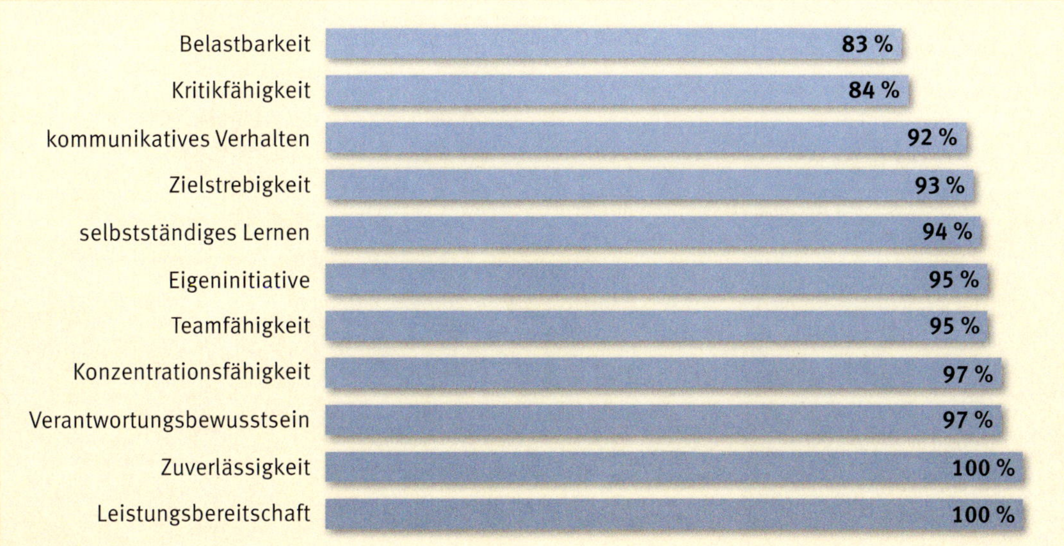

2 **Schlüsselqualifikationen**

Ein Maurermeister beschreibt, wie er sich seinen künftigen Auszubildenden vorstellt. Er sucht eine junge Frau oder einen jungen Mann, der oder dem es nichts ausmacht, bei Wind und Wetter draußen zu sein. Schließlich findet ein großer Teil der Arbeit im Freien statt. Außerdem müssen die Maurer rechnen können. Auch ein bisschen Geometrie ist nötig, denn die Wände sollen gerade werden. Einzelkämpfer kann er nicht gebrauchen, Mauern ist Arbeit im Team.

Wenn jemand sich von diesen Anforderungen angesprochen fühlt,
- weil er es sich nicht vorstellen kann, in einem Büro zu sitzen,
- Mathe das Lieblingsfach ist und
- er sich auch gerne körperlich anstrengt,

ist er für diesen Beruf geeignet.

Der Bewerber sollte sich vorher überlegen, welche Voraussetzungen er mitbringt und ob er für diesen Beruf geeignet ist. Dann kann er den Maurermeister von seiner Eignung überzeugen.

AUFGABE

5. Untersuchen Sie, welche Anforderungen an einen Maurer gestellt werden.

Wenn sich die Erwartungen der einen und die Fähigkeiten der anderen Seite überschneiden, passt der Beruf.

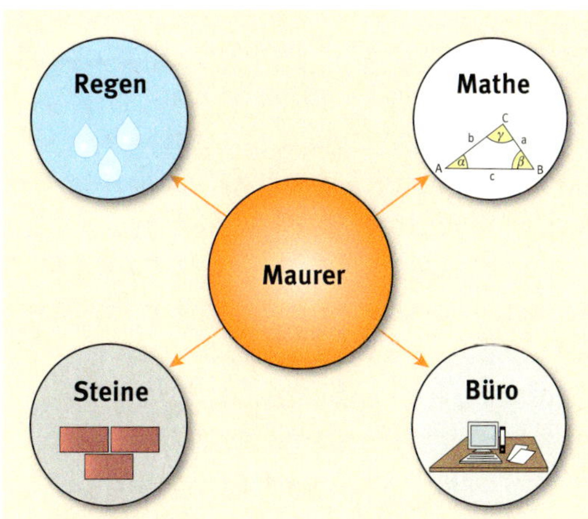

3 **Beruf Maurer**

1 Gärtner

2 Maler

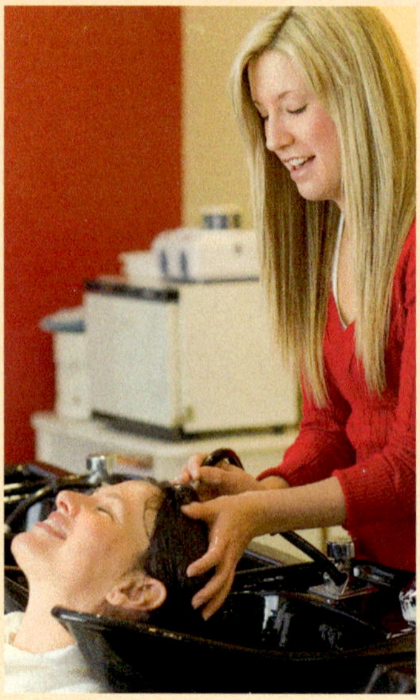
3 Friseurin

Den Wunschberuf vorstellen

Ob Job oder Ausbildung – jeder Beruf 1, 2, 3 stellt bestimmte Anforderungen, hat Vorteile und Nachteile. Die Informationen darüber werden in einem Referat an andere weitergegeben. Die Zuhörer lernen so weitere Berufe kennen.

Ein **Referat** (Kurzvortrag) soll die Zuhörer informieren.

Um dieses Ziel zu verwirklichen, ist eine planvolle Vorbereitung notwendig:

- einen Überblick über das Thema verschaffen,
- Fragen, die sich dabei ergeben, notieren,
- Thema eingrenzen,
- informieren, welche Firmen im Umkreis den gewählten Beruf anbieten,
- verschiedene Informationsquellen nutzen (BIZ, Faltblätter, Bücher, Internet usw.),
- Schwerpunkte festlegen,
- Material sortieren,
- Stichwortzettel zu den verschiedenen Punkten anlegen,
- Text verfassen, ausführlich in ganzen Sätzen oder stichpunktartig,
- überlegen, wie das Referat präsentiert werden soll: Tafel, PC, Beamer, Pinnwand?

Um das Lampenfieber zu überwinden, ist es sinnvoll, das Referat zu Hause laut zu üben.

AUFGABE

1. Stellen Sie der Klasse Ihren Wunschberuf in einem Referat vor. Beantworten Sie dabei auch Fragen nach Abschluss, Verdienst, Einstellungsvoraussetzungen, Arbeitszeit.

2. Sammeln Sie die Wunschberufe in der Gruppe und erstellen Sie eine Rangfolge der beliebtesten Berufe.

Regel 2

Regel 1

Regel 3

Regel 4

Der interessante und spannende Beruf der Verkäuferin hat eine nur zweijährige Ausbildungszeit. Die Bewerberin für diesen Beruf sollte gut und sicher rechnen können. Die Verkäuferin muss auch gut mit Kunden, die recht unterschiedlich sind, umgehen können.

Die Geschäfte haben heute lange geöffnet. Die Bewerberin sollte auch den anstrengenden Schichtdienst nicht scheuen. Auch am Sonnabend und manchmal am Sonntag sind die Geschäfte geöffnet. Dann müssen Verkäuferinnen auch arbeiten.

Wichtig ist auch sauberes und ordentliches Präsentieren der Waren. Das ist auch eine Aufgabe der Verkäuferin. Die Verkäuferin muss auch wissen, was sie eigentlich verkauft und wie viel die Verkäuferin von einer Ware bestellen muss, damit die Menge, die sie verkaufen kann, auch wirklich richtig bestellt wird. Die Warenkunde gehört also ebenso zu den interessanten Unterrichtsthemen. Am Berufsschulunterricht, der einmal in der Woche stattfindet, müssen die Auszubildenden zur Verkäuferin regelmäßig teilnehmen.

Zu lange Texte kürzen

Das gesammelte Material für ein Referat ist oft zu ausführlich. Nun muss gekürzt werden. Es empfiehlt sich, zuerst den ganzen Text zu lesen, weil dann Überflüssiges leichter von Wichtigem unterschieden werden kann.

Zuerst müssen alle überflüssigen Sätze und einzelnen Wörter herausgestrichen werden (Regel 1). Dann sind die Adjektive an der Reihe. Alle Adjektive, die nicht für das Verständnis des Textes nötig sind, werden gestrichen (Regel 2).

Namen und Substantive, die wiederholt vorkommen, kann man durch er, sie oder es ersetzen (Regel 3), einzelne Sätze durch Konjunktionen verbinden. Manchmal können ganze Nebensätze in einem Adjektiv zusammengefasst werden (Regel 4).

AUFGABE

3. Kürzen Sie den gesamten Text.

Ihr Ostergeschenk: ein neuer Job Wir bilden aus!

Wir freuen uns auf Ihre telefonische Kurzbewerbung.
Tel.: 0789 6543231

Ihre Karriere kann bei uns beginnen – als

Auszubildende/r zur Fachkraft für Lagerwirtschaft

Sie möchten einen abwechslungsreichen, zukunftssicheren Beruf erlernen? Bei uns erhalten Sie eine Ausbildung mit neuester Technik und höchsten Ansprüchen.

Wenn Sie einen qualifizierenden Schulabschluss, die notwendige Gewissenhaftigkeit und organisatorisches Geschick mitbringen, dann freuen wir uns auf Ihre schriftliche Bewerbung.

Spedition Geissler, Sonnenstraße 13, 13508 Grashausen
Ansprechpartner: Herr Manfred Frei, Telefon: 0123 4567

1 **Stellenanzeigen**

4.2 Sich bewerben

Stellenanzeigen lesen

Jeden Sonnabend stehen in der Tageszeitung Stellenangebote. Im Internet gibt es viele Seiten mit solchen Angeboten. Man kann auch selbst ein Stellengesuch oder eine Initiativbewerbung aufgeben.

! Initiativbewerbung heißt: sich ohne Stellenangebot aus eigenem Antrieb bei einer Firma bewerben.

Arbeitsplatz- und Ausbildungsplatz-Angebote enthalten Informationen über:

- den Arbeitsplatz,
- die Voraussetzungen,
- die Firma,
- Arbeitszeiten und manchmal über das Gehalt,
- Anschrift der Firma, ihre Telefonnummer und Internetverbindung und manchmal den Ansprechpartner für die Bewerbung.

Vorsicht ist geboten, wenn keine Adresse angegeben ist und z. B. eine Chiffre in der Anzeige auftaucht oder überhöhte Gehaltsversprechen gemacht werden. Oft ist dies kein seriöses Angebot.

Gibt man selbst eine Anzeige auf, sollten der Wunschberuf, der Schulabschluss und eventuell das eigene Alter erwähnt werden.

AUFGABE

1. Sehen Sie sich die Anzeigen 1 an. Fertigen Sie eine Tabelle an:

Beruf	Firma	Weitere Informationen

2. Welche Anzeige wirkt seriös, welche nicht? Begründen Sie Ihre Entscheidung.

3. Schreiben Sie ein eigenes Stellengesuch.

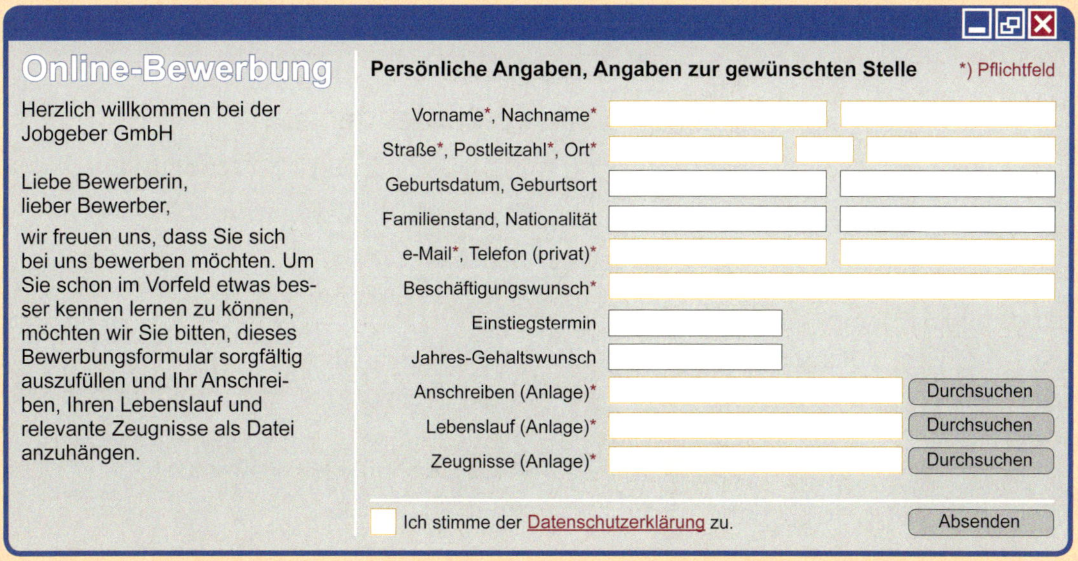
Online-Bewerbung

Herzlich willkommen bei der Jobgeber GmbH

Liebe Bewerberin,
lieber Bewerber,

wir freuen uns, dass Sie sich bei uns bewerben möchten. Um Sie schon im Vorfeld etwas besser kennen lernen zu können, möchten wir Sie bitten, dieses Bewerbungsformular sorgfältig auszufüllen und Ihr Anschreiben, Ihren Lebenslauf und relevante Zeugnisse als Datei anzuhängen.

Persönliche Angaben, Angaben zur gewünschten Stelle *) Pflichtfeld

Vorname*, Nachname*
Straße*, Postleitzahl*, Ort*
Geburtsdatum, Geburtsort
Familienstand, Nationalität
e-Mail*, Telefon (privat)*
Beschäftigungswunsch*
Einstiegstermin
Jahres-Gehaltswunsch
Anschreiben (Anlage)* Durchsuchen
Lebenslauf (Anlage)* Durchsuchen
Zeugnisse (Anlage)* Durchsuchen

Ich stimme der Datenschutzerklärung zu. Absenden

2 **Online-Bewerbungsformular**

Von der Stellenanzeige zur Bewerbung

Die Bewerbung muss zuerst Aufmerksamkeit erzeugen.

In ein neues **Bewerbungs-Portfolio** (Bewerbungsmappe) in einer dunklen Farbe gehört als Erstes ein Deckblatt mit Passfoto vom Fotografen und der eigenen Anschrift. Dann folgt ein Lebenslauf und die Zeugnisse.

Der Lebenslauf wird auf weißem Papier am besten am PC geschrieben. Die Zeugnisse müssen ordentlich kopiert sein, Originale werden nicht verschickt.

Lose in die Mappe wird das Bewerbungsschreiben gelegt. Auch hier gilt: neues weißes Papier und ein Text, der sich genau auf diese Stelle bei diesem Unternehmen bezieht.

Bei einer **Online-Bewerbung** verlangen Firmen oft, zuerst einen Online-Fragebogen 2 auszufüllen. Sie möchten damit feststellen, ob der Bewerber für den angebotenen Ausbildungsplatz geeignet ist.

Für eine Online-Bewerbung gelten die gleichen Regeln wie für eine postalische Bewerbung. Die Form für das Anschreiben und den Lebenslauf muss eingehalten werden.

Der Bewerber sollte eine seriöse **E-Mail-Adresse** verwenden, also Jana-Diercke@tiscali.de oder etwas Ähnliches.

Es ist wichtig, Bewerbungen abzuspeichern und aufzubewahren: ausgedruckt und auf einem externen Datenträger, z. B. einer CD.

Genauso wichtig ist es, die Bewerbungs-Mail an einen Freund zur Probe zu versenden, um sicherzugehen, dass sie verschickt werden kann.

! Bewerbungen sollten von jemandem, der Rechtschreibung und Zeichensetzung beherrscht, vorher gelesen werden.

Absender

Jana Diercke (Zeile 5)
Diesterweg 5
10123 Schöningheim
Tel.: 0101 234567
E-Mail: Jana-Diercke@tiscali.de

Schöningheim, 23.07.20..

Ort, Datum

Adresse

Firma (Zeile 16)
G. Braul GmbH
Frau Helga Winkler
Fabrikstr. 121
10123 Schöningheim

Betreff

Ihr Ausbildungsplatzangebot als Einzelhandelskauffrau (Zeile 23)

Anrede

Sehr geehrte Frau Winkler,

Text

von der Agentur für Arbeit habe ich erfahren, dass Sie einen Ausbildungsplatz als Einzelhandelskauffrau anbieten.

Während eines Praktikums in Ihrer Filiale in der Musterstraße habe ich viel Freude an der kaufmännischen Tätigkeit gewonnen. Der Umgang mit Kunden und Kollegen hat mir sehr gefallen. Meine guten Noten in Mathematik und Deutsch können mir als Einzelhandelskauffrau ebenfalls zugute kommen.

Ich arbeite gerne im Team, und auch wechselnde Arbeitszeiten bereiten mir keine Schwierigkeiten.

Ich bedanke mich bei Ihnen und freue mich sehr darauf, mich bei Ihnen persönlich vorstellen zu dürfen.

Grußformel

Mit freundlichen Grüßen

Jana Diercke

Anlagen

Anlagen sind
- Lebenslauf,
- Zeugnisse,
- Praktikumsbescheinigungen,
- ...

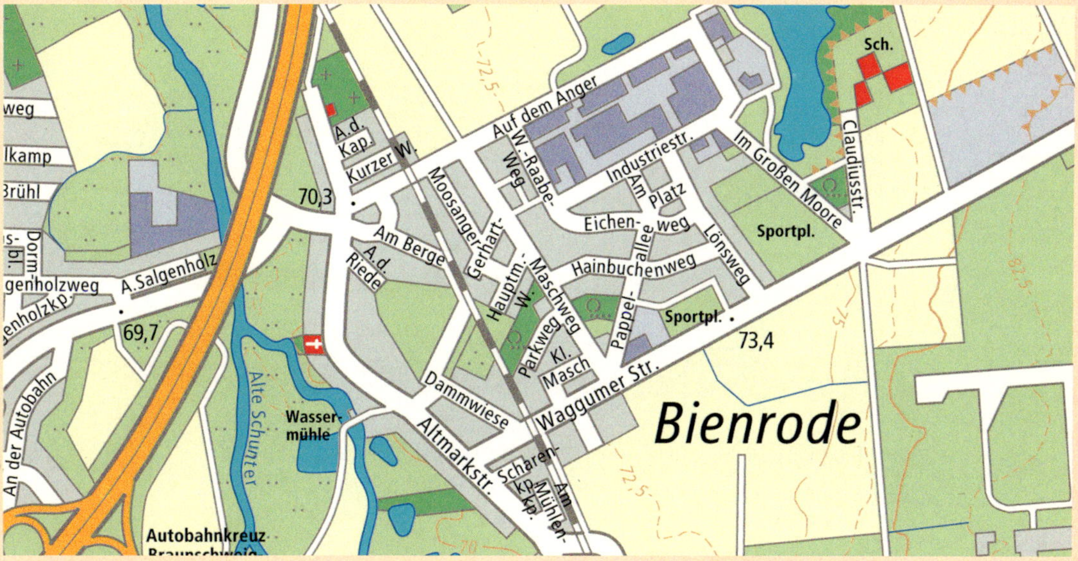

2 Stadtplan Braunschweig-Bienrode

Das Anschreiben

Zuoberst liegt lose in der Bewerbungsmappe das Anschreiben. Man verwendet weißes Papier im Format DIN A 4 und schreibt linksbündig und fehlerfrei.

Die Punkte in 1 auf der Seite 100 markieren die Leerzeilen, die zwischen den einzelnen Teilen stehen. Der Rest wird ohne Leerzeilen geschrieben.

Das Anschreiben soll dem Personalchef folgende Fragen beantworten:

- Woher weiß der Bewerber vom Stellenangebot?
- Für welche Stelle bewirbt er sich?
- Welche Erfahrungen, Praktika und berufsbezogene Interessen bringt er mit?
- Ist er teamfähig und zeitlich unabhängig?

Floskeln und vorgefertigte Sätze wirken nicht gut. Am Ende sollte sich der Bewerber höflich für das Interesse und eine mögliche Einladung zu einem Gespräch bedanken.

Schreibung von Straßennamen

- Der erste Buchstabe wird immer großgeschrieben, auch alle Adjektive und Zahlwörter (Rote Wiese).
- Die meisten Straßennamen werden zusammengeschrieben (Leopoldstraße).
- Wenn Orts- oder Ländernamen auf -er enden, schreibt man zwei Wörter (Kieler Straße).
- Wenn die Straßennamen aus mehrteiligen Namen bestehen, verbindet man die einzelnen Teile mit einem Bindestrich (Thomas-Mann-Weg).

AUFGABE

1. Verfassen Sie ein Anschreiben nach dem Vorbild auf Seite 100.
2. Ordnen Sie die Namen aus dem Stadtplan 2 den Regeln zu.
3. Diktieren Sie sich gegenseitig die Namen der Straßen, in denen Sie wohnen.

Bewerbungsportfolio

Jana Diercke
Diesterweg 5
10123 Schöningheim
Telefon 0101 234567
Jana-Diercke@tiscali.de

Anlagen:
Lebenslauf
Zeugnisse

1 Deckblatt Bewerbungsportfolio

Das Bewerbungsportfolio

Wichtiger Teil eines Bewerbungsportfolios 1 ist der **Lebenslauf** 2. Er muss stets vollständig sein und darf keine zeitlichen Lücken enthalten. Allerdings sollte er auch nicht länger als eine Seite sein.

! Ein Lebenslauf muss lückenlos sein.

Heute schreibt man in aller Regel einen tabellarischen Lebenslauf am PC. Auch der Lebenslauf sollte von jemandem mit guten Rechtschreibkenntnissen auf Fehler geprüft werden.

In ein Portfolio zur Bewerbung gehören außer dem Lebenslauf und den Schulzeugnissen weitere Dokumente. Das können Bescheinigungen über Praktika und Praktikumszeugnisse sein. Auch ein Zertifikat über die Teilnahme an einem Erste-Hilfe-Kurs oder ein Jugendleiterschein sollte mitgeschickt werden.

Wer bei einer Institution ehrenamtlich tätig ist, kann eine Bescheinigung von dieser Organisation beilegen.

! Hobbys und besondere Fähigkeiten sollten möglichst genau genannt werden.

nicht so:	sondern so:
Hobby: Handball	Hobby: Handball; seit 2007 im TSV Meine, Kreisklasse

Alle Dokumente werden als Kopie in das Portfolio geheftet. Die Originale behält man.

AUFGABE

1. Welche weiteren Angaben können noch in einem Lebenslauf stehen?
2. Schreiben Sie Ihren Lebenslauf.
3. Stellen Sie die Dokumente für Ihr Bewerbungsportfolio zusammen.

Lebenslauf

Persönliche Daten:

Name:	Jana Diercke
Anschrift:	Diesterweg 5 10123 Schöningheim
E-Mail:	Jana-Diercke@tiscali.de
Telefonnummer:	0101 234567
Geburtsdatum:	1. Januar 1991
Geburtsort:	Schöningheim

Schulbildung:

1997–2001:	Westermann Grundschule, Schöningheim
2001–2007:	Hauptschule Georgsweg, Schöningheim
Seit August 2008:	Berufsschule Schöningheim, BVJ
Voraussichtlicher Abschluss:	Hauptschulabschluss

Besondere Kenntnisse

Führerschein	Klasse B

Hobbys

Fußball	beim FC Schöningheim seit 8 Jahren
Fotografie	Tierfotografie

Schöningheim, 23. Juli 20..

Jana Diercke

Angaben zu Eltern und Geschwistern sind freiwillig, außer der Bewerber ist noch nicht volljährig.

Angaben zur Staatsangehörigkeit sind freiwillig.

alle besuchten Schulen mit Zeit, Ort und eventuell Abschluss

Sprachkenntnisse, andere Muttersprache, ehrenamtliche Tätigkeiten, PC-Kenntnisse, möglichst genau beschreiben

Hobbys möglichst genau beschreiben

Unterschrift nicht vergessen

1 Einstellungsgespräch

Das Vorstellungsgespräch

Die Bewerbung hat dem Personalchef gefallen. Er lädt zum Vorstellungsgespräch ein.

Zur Vorbereitung für ein Vorstellungsgespräch gehört es, saubere und gepflegte Kleidung zu tragen. Auffällige Tattoos sollten unter der Kleidung versteckt werden, und Piercings kann man für diesen Anlass besser entfernen. Die Nachrichten der letzten Tage hat die Bewerberin verfolgt, die Bewerbungsmappe ist eingepackt. Auch über den Beruf und den Betrieb weiß sie Bescheid. Jetzt noch pünktlich los – so ist sie gut vorbereitet.

Nach der freundlichen Begrüßung beginnt das Gespräch 1. Die Bewerberin beantwortet ehrlich alle Fragen des Chefs. Er erkundigt sich vielleicht danach, warum sie gerade diesen Beruf und diesen Betrieb gewählt hat und welche persönlichen Stärken und Schwächen sie hat. Auch hier sollte sie eine Antwort wissen. Fragen nach der politischen Einstellung, nach der Glaubensrichtung und bei Frauen nach einer Schwangerschaft müssen in der Regel nicht beantwortet werden.
Auch die Bewerberin soll Fragen zum Betrieb stellen. Nach dem Gehalt sollte sie aber erst ganz zuletzt fragen.

Viele Betriebe führen spezielle Einstellungstests durch. Hier werden praktische, berufsbezogene und theoretische Aufgaben gestellt und die Allgemeinbildung wird überprüft. Keine Angst, man muss nicht alles wissen.

AUFGABE

1. Bilden Sie zwei Gruppen. Eine Gruppe sammelt Fragen des Chefs eines Einzelhandelsbetriebes, die andere Fragen einer Bewerberin. Tauschen Sie die Fragen aus, und überlegen Sie sich die Antworten.
2. Spielen Sie eine Bewerbungssituation nach. Zeichnen Sie das Gespräch auf Video auf. Diskutieren Sie das Verhalten der beiden.

Die Lehrlingsprobe *Hans Bahrs*

Meister Meerwein, Ausbildungsleiter in dem großen Werk der Elektromotorenindustrie, hatte einen guten Riecher für die Lehrlinge, die er aus der großen Zahl der Bewerber gebrauchen konnte. Sein Ausleseverfahren war meist ebenso einfach wie drastisch. Jedenfalls ließ er sich immer etwas Neues einfallen, um den Richtigen herauszufinden. Zeugnisse und Empfehlungsschreiben waren gesichtet, die theoretischen und praktischen Kenntnisse und Fertigkeiten getestet. Ausbildungsleiter Meerwein hatte sich aber bis jetzt noch nicht gezeigt. So hielt er es immer. Am letzten Nachmittag der Prüfung empfing er die Bewerber in seinem Büro und unterhielt sich mit ihnen.

Gerade wartete wieder eine Gruppe junger Burschen vor seiner Tür. Sie trugen noch die geborgten Monteuranzüge des Werkes. Franz Berner, ein siebzehnjähriger Mittelschüler, dessen Vater im Kriege gefallen war und der als einziger kein Empfehlungsschreiben vorzuweisen hatte, stand unter ihnen.

Als es an Herrn Meerweins Tür klopfte, saß der Ausbildungsleiter an seinem Schreibtisch und trank eine Tasse Kaffee. Auf ihr Klopfen bekamen die Jungen keine Antwort. Sie waren aber doch ausdrücklich bestellt worden. Ratlos blickten sie sich an und horchten. Stille! – Dann fasste sich Franz Berner ein Herz: „Vielleicht hat er es nicht gehört. Ich klopfe noch einmal!" Die anderen Jungen zuckten die Achsel. Mochte er es tun. Und er tat es. Darauf von drinnen ein Grollen. „Was hat er gesagt?" Nun wurde auch Franz unsicher. – „Wahrscheinlich: Herein!", erwiderte ein anderer. Da drückte Franz auf die Klinke. Die Tür öffnete sich einen Spalt. Die Jungen blieben auf der Schwelle stehen. „Unverschämte Bande! Habt ihr nicht gehört, dass ich nicht gestört werden will?", donnerte es vom Schreibtisch her. Der Ausbildungsleiter erhob sich zu seiner vollen stattlichen Größe und rollte mit den Augen. Unwillkürlich duckten sich die Jungen etwas. „Na, wird's bald? Antwort!"

Franz trat vor: „Wir sind herbestellt worden. Entschuldigen Sie, bitte, wir dachten, wir sollten hereinkommen." „So? Hergeschickt worden seid ihr? Das Warten habt ihr wohl noch nicht gelernt? – Raus und wartet ab! Ihr seht doch, dass ich beschäftigt bin!" Die Tür fiel ins Schloss. Verärgert sprachen die Jungen miteinander und hockten sich auf eine Bank. „Alter Knacker!" war noch eine freundliche Bezeichnung für Herrn Meerwein. Nach einer ganzen Weile erst wurden sie vorgelassen.

Da gab sich der Gewaltige schon menschlicher. Kurz und präzise kamen seine Fragen. Die Antworten sollten entsprechend sein. „Habt ihr die Lehre von vorhin kapiert?", fragte er auf einmal ganz unvermittelt. Die Jungen drucksten herum. Der Mann forderte sie heraus: „Fühlt ihr euch von mir etwa ungerecht behandelt?" Ein Lauern lag in der Frage. Die Jungen wurden unsicher. „Heraus mit der Sprache!" Einer erwiderte: „Sie hatten natürlich Recht!" Meister Meerwein machte ein undurchdringliches Gesicht. Scharf blickte er Franz an. „Und was meinst du dazu?" Der Junge antwortete fest: ...

AUFGABE

3. Beschreiben Sie die Situation. Wie verhält sich Herr Meerwein? Wie empfinden die Jungen sein Verhalten?

4. Schreiben Sie diesen Text zu Ende.

5. Diskutieren Sie Ihre Lösungen.

Praktikumsbericht

Jana Diercke
Klasse: BVJ Technik
Berufsbildende Schule
Schöningheim

Kroschke

Praktikumsbetrieb:
Kroschke sign-international GmbH
als Fachkraft für Lagerwirtschaft
vom 10.1.20.. bis 31.1.20..

1 **Deckblatt Praktikumsbericht**

1. Praktikumswoche Name: ________

Tagesberichte vom ________ bis ________

Montag	Datum:		
Abteilung	von	bis	verrichtete Arbeiten
Dienstag	**Datum:**		
Abteilung	von	bis	verrichtete Arbeiten
Mittwoch	**Datum:**		
Abteilung	von	bis	verrichtete Arbeiten
Donnerstag			
Abteilung	von	bis	verrichtete Arbeiten

2 **Wochenbericht**

4.3 Aus dem Betrieb berichten

Ein **Praktikumsbericht** dient als Nachweis für die Arbeit im Betrieb. Der Praktikant überdenkt die eigenen Erfahrungen, der Lehrer sieht, was der Praktikant geleistet hat. Im Betrieb ist bekannt, dass ein Bericht geschrieben wird, deswegen bekommt der Praktikant nicht nur eintönige Arbeit zu tun.

Ein Praktikumsbericht wird am besten am PC geschrieben und in einem DIN-A-4-Ordner abgegeben. Bilder aus dem Betrieb lockern den Bericht auf.

Aufbau:
- Deckblatt 1
- Inhaltsverzeichnis (mit Seitenzahlen)
- Inhalte:

1. Gründe für die Wahl des Praktikumsplatzes oder des Betriebes
2. Vorstellung des Betriebs, einzelner Abteilungen, Produkte
3. Vorstellung des Berufsbildes: Voraussetzungen, Ausbildung, Tätigkeiten, Verdienst, Arbeitszeit, Karriereaussichten
4. Tages- oder Wochenberichte 2
5. ausführliche Beschreibung einer Tätigkeit oder eines Arbeitsplatzes
6. Schluss: eigene Bewertung des Praktikums

Ein Praktikumsbericht muss sachlich geschrieben sein. Eigene Wertungen gehören nur in den Schlussteil.

AUFGABE

1. Gestalten Sie ein Deckblatt nach dem Vorbild in 1.
2. Berichten Sie von einem Tag Unterricht.

+

Schreiben Sie aus Ihrem Bericht in Aufgabe 2 einen Zeitungsartikel.

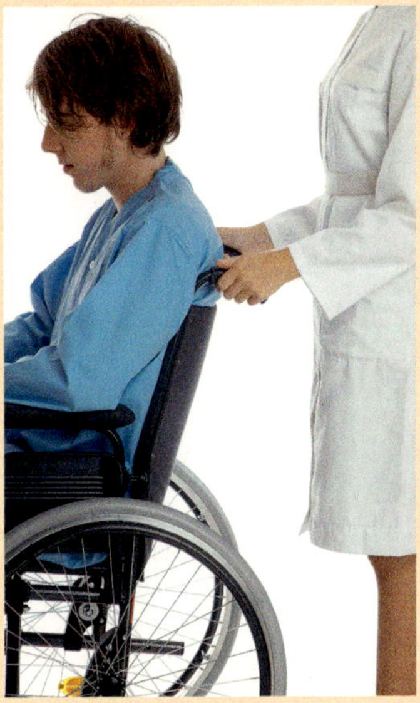

3 Patienten transportieren

4 putzen

5 Kaffee trinken

Ein Berichtsheft führen

Jeder Auszubildende erhält von seiner Firma ein Berichtsheft, in dem er täglich oder wöchentlich zu notieren hat, welche Arbeiten er geleistet hat. Alle Arbeiten werden im Berichtsheft aufgeführt. Persönliche Wertungen gehören nicht in ein Berichtsheft.

Man muss das Berichtsheft in regelmäßigen Abständen in seiner Abteilung oder bei seinem Ausbildungsleiter vorlegen.

Wie das Berichtsheft geführt werden soll, ist von Betrieb zu Betrieb unterschiedlich: Es kann handschriftlich oder am PC sein.

Neben den Tages- oder Wochenberichten finden sich im Berichtsheft Angaben über betrieblichen Unterricht und den in der Berufsschule.

Manche Industrie- und Handelskammern verlangen, dass am Ende der Ausbildung das Berichtsheft vorgelegt wird.

Eine Krankenpflegehelferin lernt in ihrer Ausbildung, kranken und alten Menschen beim Waschen zu helfen, ihnen Essen anzureichen, Blutdruck und Puls zu kontrollieren und Fieber zu messen. Sie sorgt für Hygiene. Sie macht auch einmal Pause und isst etwas. Vielleicht hat sie einen weiten Weg zur Arbeit.

AUFGABE

3. Sortieren Sie die Tätigkeiten in 3 bis 5 und im Text oben in die Tabelle ein.

gehört in ein Berichtsheft	gehört **nicht** in ein Berichtsheft
Handtücher einsortieren	zur Arbeit fahren

4. Recherchieren Sie die Aufgaben einer Krankenpflegehelferin, und ergänzen Sie die Tabelle.

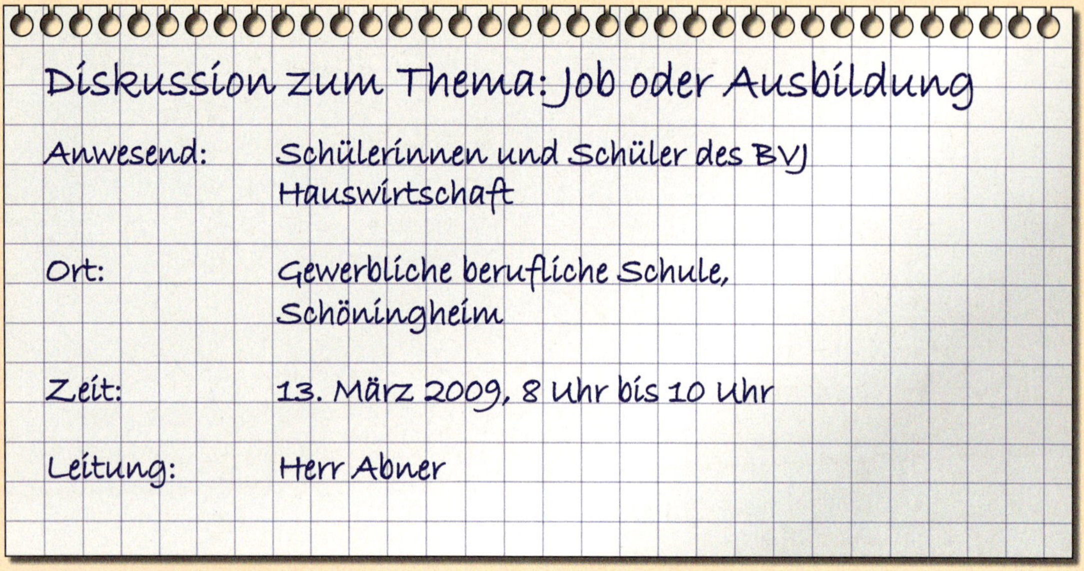

1 Kopf eines Protokolls

Ein Protokoll führen

Ob bei einer Diskussion in der Gruppe, bei einer Sitzung im Sportverein, bei einer Konferenz im Betrieb: Es wird ein Protokoll geführt. Ein **Ergebnisprotokoll** fasst die Ergebnisse des Gesprächs zusammen. Ein **Verlaufsprotokoll** informiert zusätzlich über den Ablauf der Beratung.

Vor der Besprechung muss sich der Protokollant darüber klar sein, für wen er das Protokoll verfasst und welche Informationen erwartet werden.
Die Aufgabe eines Protokollführers ist nicht leicht, denn er soll zuhören und gleichzeitig mitschreiben.

Ein Protokollführer darf während einer Besprechung um eine Pause bitten, wenn er nicht mitkommt.

Während der Besprechung muss er
- konzentriert zuhören,
- Wichtiges von Unwichtigem unterscheiden,
- schnell mitschreiben, dabei eigene Abkürzungen verwenden,
- Stichpunkte notieren.

Nach der Besprechung hat der Protokollant diese Aufgaben:

Tab. 1: Protokoll führen

Nennen	Zeitpunkt und Dauer der Besprechung, Teilnehmer; wenn nötig, das spezielle Thema nennen
Ordnen	Wichtiges von Unwichtigem trennen, die Notizen nach der Tagesordnung sortieren, Meinungen und Ergebnisse voneinander trennen
Schreiben	Beiträge kürzen, Anträge und Ergebnisse genau formulieren
Unter-schreiben	Protokoll unterschreiben

2 **Wörterschlange**

AUFGABE

1. Bilden Sie zwei Gruppen. Diskutieren Sie in der einen Gruppe zehn Minuten lang über das Thema „Ausbildung oder Job“, die andere Gruppe macht sich Notizen.
2. Tauschen Sie nun die Aufgaben und diskutieren Sie ein anderes Thema.
3. Vergleichen Sie innerhalb der Gruppen Ihre Aufzeichnungen.
4. Erstellen Sie einen Kopf für das Protokoll der Diskussionen nach dem Muster in 1 .
5. Formulieren Sie Ihre Aufzeichnungen als Ergebnisprotokoll aus.
6. Schreiben Sie die Berufe aus der Wörterschlange 2 ab. Achten Sie auf Groß- und Kleinschreibung. Trennen Sie die Wörter so oft wie möglich.

Wörter trennen

Besonders bei Fach- und Fremdwörtern ist die Trennung in Silben schwierig. Ist man sich über die Trennung unsicher, ist es besser, das ganze Wort in die nächste Zeile zu schreiben.

Regeln für die **Silbentrennung**:

- Wörter durch langsamen Sprechen in Sil-ben tren-nen (siehe S. 18).
- Trennung bei Wortgrenzen: Ergebnis-protokoll
- Keine Einzelbuchstaben am Zeilenanfang oder Zeilenende
- Bei mehreren Konsonanten hintereinander vor dem letzten trennen: Karp-fen, An-ker, Hus-ten
- Die Konsonantenverbindungen ch, ck, sch, ph und th bleiben ungetrennt. Die Trennung erfolgt davor: Bü-cher, Zu-cker, zwi-schen, Pro-phet, ka-tho-lisch
- Die Doppelvokale wie au, ei, eu, äu und das ie bleiben ungetrennt. Die Trennung erfolgt danach: Trau-ung, Fei-le, Freu-de, Räu-ber, Lie-be

Regel 11 – Abseits

Die Abseitsstellung eines Spielers stellt an sich noch kein Vergehen dar.
Ein Spieler befindet sich in einer Abseitsstellung,
- wenn er der gegnerischen Torlinie näher ist als der Ball und der vorletzte Gegenspieler.

Ein Spieler befindet sich nicht in einer Abseitsstellung
- in seiner eigenen Spielfeldhälfte oder
- auf gleicher Höhe mit dem vorletzten Gegenspieler oder
- auf gleicher Höhe mit den beiden letzten Gegenspielern.

Vergehen
Ein Spieler wird nur dann für seine Abseitsstellung bestraft, wenn er nach Ansicht des Schiedsrichters zum Zeitpunkt, zu dem der Ball von einem Mitspieler berührt oder gespielt wird, aktiv am Spiel teilnimmt, indem er
- ins Spiel eingreift,
- einen Gegner beeinflusst,
- aus seiner Position einen Vorteil zieht.

Kein Vergehen
Kein Abseits liegt vor, wenn ein Spieler den Ball direkt erhält nach
- einem Abstoß,
- einem Einwurf,
- einem Eckstoß.

1 Die Abseitsregel im Fußball

Fachwörter verstehen

Bei jedem Hobby, in allen Berufen werden Fachwörter gebraucht, z. B. bei Fußballregeln. Sie sind für Laien oft schwer zu verstehen, für den Fachmann sind sie eindeutig und sofort verständlich.

Fachwörter können Ausdrücke sein, die in der Standardsprache eine andere Bedeutung haben als in der Fachsprache, in der sie benutzt werden. Fremdwörter sind in der Fachsprache oft alltäglich. Ein fachfremder Leser kann sie nicht sofort verstehen.

Unverständliche Wörter in einem Text müssen nachgeschlagen werden. Neben dem Internet bieten sich dafür Fremdwörterbücher an, noch besser geeignet sind Fachwörterbücher für das jeweilige Gebiet.

Man kann sich eine Tabelle anlegen, in die man die Wörter, die man nicht verstanden hat, einträgt. In eine zweite Spalte trägt man ihre Bedeutung ein.

Beim zweiten Lesen des Textes wird deutlich, ob man alles verstanden hat.

Auch ein Bericht über ein Fußballspiel enthält Fachbegriffe:

„Eintracht hat **Anstoß**. **Stürmer** Maier **schießt** den Ball Richtung Tor. Bevor Maier den Ball **annehmen** kann, geht Schmidt von 96 dazwischen. Maier stürzt. War das ein **Foul**? Der Schiedsrichter greift zur **Karte** …“

AUFGABE

1. Erstellen Sie eine Tabelle zum Fußballbericht und zur „Regel 11 – Abseits“.

	Bedeutung in	
Fachwort	Standardsprache	Fachsprache
Anstoß		

1 Ein Wort – mehrere Bedeutungen

Fachwörter und Texte umwandeln

Für Fachleute sind **Fachwörter** ein schnelles und eindeutiges Mittel zur Verständigung. Sollen Fachtexte für den Laien verständlich sein, müssen sie in Standardsprache umgewandelt werden. Fachwörter, die nicht durch andere Ausdrücke ersetzt werden können, werden erklärt.

Es lassen sich auch ganze Texte von einer Textart in eine andere umwandeln. Polizeiberichte aus der Zeitung können zu einem Krimi ausgebaut werden, Erzählungen zu sachlichen Berichten – der Fantasie sind keine Grenzen gesetzt.

+

Schreiben Sie aus dem Text „Die Lehrlingsprobe“ auf S. 105 einen sachlichen Zeitungsartikel. Gestalten Sie Ihre Texte mit Illustrationen und sammeln Sie alle Texte Ihrer Gruppe in einer Mappe.

AUFGABE

2. Schlagen Sie folgende Wörter nach und ersetzen Sie sie durch Standardsprache: Eruption, Kontinent, Alkoholkonsum, Vegetation, Fauna, global, Suchtpotential, Infekt, blanchieren.

3. Wandeln Sie einen der beiden Texte zum Thema Fußball auf Seite 110 in Standardsprache um.

4. Finden Sie die Wörter, ihre fachsprachliche und standardsprachliche Bedeutung in 1.

5. Aus welchem Bereich stammen diese Wörter: Conchieren, Omelett, frittieren?

6. Sammeln Sie Fachwörter aus einem Berufsfeld, das Sie kennen, und erklären Sie diese.

7. Erklären Sie Fachwörter aus Ihrem Hobby.

ZUSAMMENFASSUNG

Sprechen und Zuhören

- Diskussion
- Referat, Kurzvortrag
- Vorstellungsgespräch

Lesen und Schreiben, mit Medien umgehen

Online-Bewerbung

Vorname*, Nachname*
Straße*, Postleitzahl*, Ort*
Geburtsdatum, Geburtsort
Familienstand, Nationalität
e-Mail*, Telefon (privat)*
Beschäftigungswunsch*
Einstiegstermin
Jahres-Gehaltswunsch

- Stellenanzeigen
- Text kürzen
- Bewerbung
- Lebenslauf

Sprachregeln und Sprachgebrauch untersuchen

- Schreibung von Straßennamen
- Silbentrennung
- Fachsprache
- Normbrief

Arbeitstechniken

Bewerbungsportfolio

Jana Diercke
Diesterweg 5
10123 Schöningheim
Telefon 0101/23 45 67
jana-diercke@tiscali.de

Anlagen:
Lebenslauf
Zeugnisse

- Referat vorbereiten
- Protokoll
- Bewerbungsportfolio

Von der Verführung zur Entscheidung 5

5.1 Werbung bezaubert

Werbung ist „die Kunst, anderen Leuten zu beweisen, dass sie unserer Meinung sind".*
Mit welchen Mitteln arbeitet Werbung?

5.2 Konsum lockt

Was kaufen Jugendliche?
Marken machen Leute – stimmt das?

5.3 Sucht erkennen

Wann wird Shoppen zur Sucht?
Was macht die Sucht mit mir?

* Zitat: Peter Ustinov (1921–2004), engl. Schriftsteller u. Schauspieler

1 Elemente eines Werbeplakats

5.1 Werbung bezaubert

Verlockungen reizen

Eine Welt ohne Werbung ist heute kaum vorstellbar. Ständig greift Werbung in das tägliche Leben ein. Sie verspricht eine heile Welt, in der jedes Problem mit einem Einkauf schnell gelöst wird: Das Auto vermittelt Stärke, ein Handy vertreibt Schüchternheit, Make-up macht anziehend.

Viele Menschen wissen zwar, dass Werbung übertreibt. Sie fallen dennoch regelmäßig auf die Tricks der Werbefachleute hinein. Denn Werbung spricht – meist unbemerkt – die Gefühle an, weckt Wünsche und verführt gerade junge Menschen zum Kauf.

Oft endet dies in Kaufzwang oder Sucht: Die Freunde akzeptieren nur eine bestimmte Kleidermarke, ohne Handy ist man schnell ausgeschlossen, Glück wird nur im Shopping-Rausch erlebt.

Das Glück der Werbung
Jürgen Theobaldy

Die Sahnebecher sind versammelt
in den Kühltruhen. Wie ordentlich
sie beieinander stehn! Aus Plastik!
Die Früchtejoghurts bilden Reihen!

Wir tanzen locker auf sie zu,
wir schweben die Regale lang,
sie hängen voll, die Sommermärkte,
der Urlaub ist die schönste Zeit

des Jahrs! Das loben wir; und gehen
in Tennisschuhen durch Musik.
Die Kassen rattern sanfter. Küsschen!
Sieh unsern dicken Jungen da,

er spielt mit einem Teich aus Glas.
Mir rutscht vom spitzen
Kopf der Strohhut,
und in den Reisebüros, heißt
es, steigt die Flut der Angebote.

AUFGABE

1. Beschreiben Sie die Umgebung in „Das Glück der Werbung“. Wie verhält sich der Kunde in dem Geschäft? Erklären Sie den Titel des Gedichts.

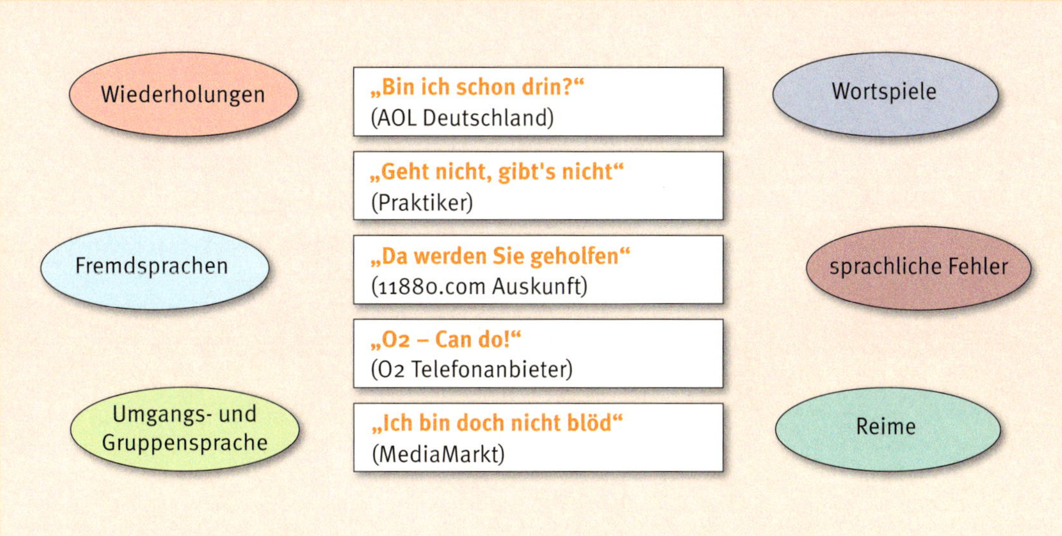

2 **Werbeslogans**

Werbung bemerken und verstehen

Werbung spricht die Sinne an, sie wird gehört, gesehen, gespürt, sogar gerochen. Oft beansprucht sie mehrere Sinne gleichzeitig. In der Fernsehwerbung sind z. B. die Augen und die Ohren angesprochen oder an einem Probierstand für eine neue Pizzasorte die Nase und der Geschmackssinn.

Werbung informiert über Produkte, die neu auf dem Markt sind oder die verändert wurden.

Jedoch beeinflusst (manipuliert) sie auch mögliche Käufer, weckt Wünsche und spricht Gefühle an, die zum Kauf verführen.

Werbung preist Waren oder Dienste an: den saftigen Burger, die kundenfreundliche Bank.

In den Werbeanzeigen treten manche Elemente immer wieder auf 1. Diese Elemente lösen beim Betrachter bestimmte Gefühle und Reaktionen aus:

- Bild, Werbeslogan
  - ▸ *Aufmerksamkeit*: Betrachter blättert nicht weiter
- Werbeslogan, Bild, Informationstext
  - ▸ *Interesse:* Betrachter ist neugierig, beginnt zu lesen
- Informationstext, Bild
  - ▸ *Wunsch:* Kaufwunsch, Besitzwunsch
- Informationstext, Bezugsadresse, Bild
  - ▸ *Handlung:* Betrachter kauft das Produkt

3 **Handlungsschema einer gelungenen Werbung**

AUFGABE

2. Wo begegnen Sie Werbung? Welche Sinne spricht sie an?

3. Untersuchen Sie eine Werbung aus einer Zeitschrift. Mit welchen sprachlichen Tricks 2 arbeitet die Werbung, damit sie auffällt?

1 Werbung für ein Handy

„Dein Sound.
Deine Shootings.
Dein Mobil.

Krasse Formen mit heißem Innenleben: Das sind Connys Mobiles. Die Hyper-Ghost-Reihe, die extra für coole Pictures getuned sind, und die MP4®-Types, die geplant auf Soundgenuss abdrehen, beweisen das.

Bist du ein Picture-Typ?
Oder stehst du auf Sound?
Kein Plan?
Probier's aus."

Werbung untersuchen

Jede Werbung ist für eine bestimmte Zielgruppe zugeschnitten: Jugendliche, Rentner, Frauen usw. Daher unterscheiden sie sich in den Bildern, im Text und der Sprache.

Je nach Kunde ist der Werbeslogan kurz, witzig oder erotisch, einprägsam oder interessant, exotisch und fremd – kurz gesagt: auffällig.

Besondere Eigenschaften zeichnen in der Werbung die Produkte aus. Die Adjektive heben nur die Vorteile hervor. Die Produkte sind modern, elegant, neuartig usw.

Mit unterschiedlichen Mitteln empfiehlt die Werbung, die Ware zu kaufen. Sprache, Bilder, Aussehen des Produkts und Werbetext sprechen bestimmte Menschen an, auf die diese Eigenschaften zutreffen sollen: z. B. den modebewussten Jugendlichen zwischen 14 und 17 Jahren, der gern die neuesten Computerspiele ausprobiert.

Werbung wird den Käufern angepasst.

Vergleicht man zwei Anzeigen miteinander, kann man erkennen, wen die Werbung ansprechen soll – die Zielgruppe. Der Käufer, auf den die Werbung zielt, lässt sich nach einer genauen Untersuchung der Anzeigen beschreiben.

Bild:
- Für welches Produkt wird geworben?
- Was ist auf dem Bild zu sehen?
- Welche Stimmung wird mit dem Bild vermittelt?
- Wo ist das Produkt platziert?
- Welche Farben überwiegen?
- Wen spricht dieses Bild an?

Sprache:
- Wie lautet der Slogan?
- Wo steht der Slogan in der Anzeige?
- Wie ist die Anrede?
- Worin unterscheiden sich die Adjektive, Verben und Substantive?

„RELEASE YOUR DANCE ENERGY

Funky Look, sexy Duft – ready to rock!
Das neue Rexona girl dance energy macht dich mit seinem sexy Duft nach funky Red Berries, Jasmin und einem frischen Touch Grapefruit zum Star auf deinem Dancefloor. Egal wo, wann und wie lange du rockst, Rexona girl dance energy ist der Geheimtipp Nr. 1 für Girls, die wissen, was angesagt ist."

2 **Deowerbung**

AUFGABE

1. Übertragen Sie aus den Texten in 1 und 2 jeweils die Adjektive, Verben und Substantive in eine Tabelle. Steigern Sie die Adjektive.
2. Untersuchen Sie die sprachlichen Tricks der Anzeigentexte 1 und 2.
3. Vergleichen Sie mithilfe Ihrer Stichwörter beide Werbeanzeigen.
4. Beschreiben Sie mögliche Käufer der beiden Werbungen.
5. Welche Veränderungen erwarten die jeweiligen Käufer durch den Kauf des Produkts?

Interessant sind außerdem der Preis und die Eigenschaften des Produktes, die in der Werbung besonders hervorgehoben werden.

Werbung spricht die Gefühle der Käufer an 3. Eine Werbung für einen Sportwagen wirbt beispielsweise mit folgenden Eigenschaften:

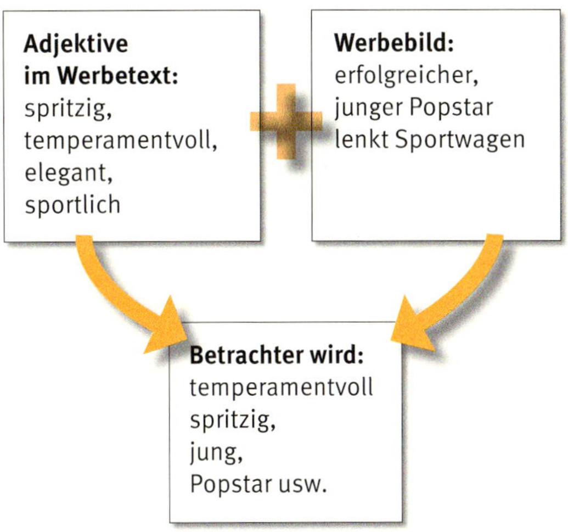

3 **Werbung wirkt über Gefühle**

Dinge miteinander vergleichen

Adjektive lassen sich **steigern**:
groß – größer – am größten
Es gibt Ausnahmen, die sich nicht steigern lassen, z. B.: rund, tot, einzige (nicht: ~~einzigste~~).

Vergleicht man zwei ähnliche Dinge, wird „wie" verwendet: genauso groß wie ...
Sind beide Gegenstände unterschiedlich, gebraucht man „als": größer als ..., kälter als ...

Welche Sprache sprechen Sie?

1 Sprechsituation Freunde

2 Sprechsituation Arbeitsplatz

3 Sprechsituation Schule

4 Sprechsituation Familie

Sprache gezielt anwenden

Werbeanzeigen arbeiten mit unterschiedlichen Sprachebenen. Es gibt verschiedene **Sprachebenen**: z. B. die Hoch- oder Standardsprache in Nachrichten, die Umgangssprache im Alltag, den Dialekt im Heimatort, die Fachsprache im Beruf, die Jugendsprache in der Clique.

Die **Standardsprache** spricht und versteht man überall in Deutschland. Sie hält sich an Regeln. Die Umgangssprache ist lockerer. Den **Dialekt** versteht nicht jeder. Oft gebraucht er eigene, nur in einer bestimmten Gegend verwendete Ausdrücke.

AUFGABE

1. Erfinden Sie zu 1 bis 4 einen passenden Dialog. Schreiben Sie ihn in der passenden Sprache.
2. Was geschieht, wenn Sie in der Jugendsprache mit Ihrem Meister sprechen?

Im Beruf sprechen

Nicht nur in der Werbung, sondern auch im Beruf, im täglichen Umgang mit Kunden und Kollegen spielt die Sprache eine wichtige Rolle. Beim Schichtwechsel müssen Informationen weitergegeben werden, genaue Anweisungen ermöglichen einen störungsfreien Arbeitsablauf, vermeiden Missverständnisse und Unfälle.

Kunden schätzen den höflichen **Umgangston** in einem Betrieb 7 . Der Auszubildende oder Geselle in der Kfz-Werkstatt, der einen Kunden freundlich und respektvoll begrüßt, sichert seinen Arbeitsplatz, denn: Freundlichkeit bindet Kunden. Auch die aufmerksame und verständliche Beratung des Verkäufers trägt hierzu bei 5 .

Umgangston und Beratung müssen angemessen sein – übertriebene Höflichkeit erkennt der Kunde schnell. Sie macht ihn misstrauisch. „Fachchinesisch“ dagegen verärgert den Kunden, weil er nichts versteht.

5 **Sprechsituation Verkauf**

6 **Sprechsituation Bewerbung**

7 **Sprechsituation Beruf**

Oft kann man schon bei der Begrüßung erkennen, welche Sprachebene der Kunde gebraucht: Spricht der Kunde beispielsweise im Dialekt, sollte der Verkäufer im Dialekt antworten – wenn er es kann – und das Gespräch im Dialekt führen. Dies schafft Gemeinsamkeit und Vertrauen. Wenn der Verkäufer weiter die Standardsprache verwendet, vermutet der Kunde möglicherweise Hochnäsigkeit oder Überheblichkeit beim Verkäufer.

Auch wenn sich der Kunde beschwert, weil beispielsweise eine Reparatur nicht richtig ausgeführt wurde, muss der Mechaniker höflich und sachlich antworten. Ein unzufriedener oder gar beleidigter Kunde erzählt dies im Bekanntenkreis und vertreibt weitere Kunden.

„Der Ton macht die Musik": Eine angemessene Sprache erreicht Verständnis, ein Wir-Gefühl, Vertrauen, Zusammengehörigkeit. Erfolgreiche Mitarbeiter, Verkäufer, Werbefachleute, Redner und Politiker sprechen so, dass ihre Zuhörer sie verstehen.

i

Werbung durch Mundpropaganda

⊕ Ein zufriedener Kunde bringt weitere Kunden.

⊖ Ein unzufriedener Kunde erzählt dies bis zu 15-mal weiter und vertreibt Kunden.

AUFGABE

3. Spielen Sie folgende Situationen:
- Einkauf im Bekleidungsgeschäft. Kunde spricht Hochdeutsch, Verkäufer Dialekt.
- Beschwerde über einen missglückten Haarschnitt beim Friseur.
- Bewerbungsgespräch für einen Praktikums- oder Ausbildungsplatz 6.

Ein Korb fürs Blechmaul

Neuerdings überrollt eine Welle quasselnder Maschinen den Markt. Im Auto meldet sich eine Roboterstimme, Waschmaschinen verkünden schnarrend, ob die Wäsche sauber ist, Wecker quäken, statt zu klingeln, Fitnessgeräte spornen mit markigen Sprüchen zu Höchstleistungen an.

Wer sich umhört, erfährt, dass die Verbraucher von brabbelnden Geräten die Nase voll haben. „Mein Mann pflaumt mich an, meine Kinder pflaumen mich an – ich brauche nicht auch noch einen Wäschetrockner, der mir blöd kommt!", empören sich Hausfrauen. Gelegentlich hat der Verbraucherzorn dramatische Ursachen: Eine Frau soll von der Stimme ihres neuen Autos so überrascht gewesen sein, dass sie vor Schreck die Wand ihrer Garage durchbrach. Die Ablehnung nötigte die Hersteller zu ersten Rückziehern: Sprechende Trockner wurden vom Markt genommen.

AUFGABE

1. Welche Erfahrungen haben Sie mit sprechenden Maschinen gemacht?

2. Was sprechen die einzelnen Geräte in dem Text „Ein Korb fürs Blechmaul"? Erfinden Sie für jedes Gerät einen kurzen Text.

3. Stellen Sie sich vor, das Laufband in Ihrem Fitnesscenter kann sprechen und beherrscht verschiedene Sprachebenen. Treiben Sie – als sprechendes Laufband – unterschiedliche Benutzer zu mehr Leistung an. Ihre Mitschüler sollen raten: Wer trainiert?

+

Versetzen Sie sich ins Jahr 2025, umgeben von vielen sprechenden Maschinen, die vielleicht wie richtige Menschen antworten können. Eines Tages hatte eines dieser Geräte eine Störung im Sprachmodul. Was geschah?

Schreiben Sie darüber eine lustige Erlebniserzählung mit

- einer kurzen Einleitung,
- dem Hauptteil mit Höhepunkt und
- einem Schluss.

Erfinden Sie eine interessante und ansprechende Überschrift.

1 Sido: Gesamterscheinung

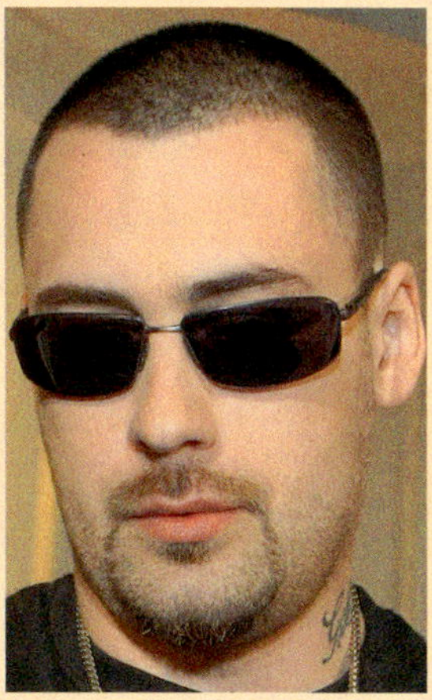

2 Kopf

3 Kleidung

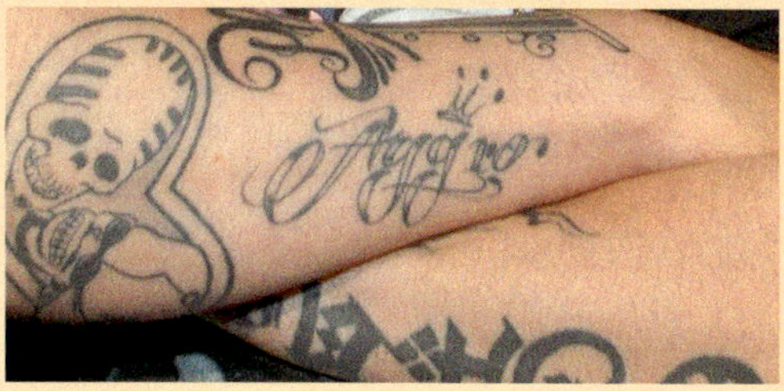

4 Besondere Kennzeichen

Personen beschreiben

Eine Person kann nach der äußeren Erscheinung und nach ihrem Verhalten beschrieben werden. Jeder, der beschreibt, gibt seinen persönlichen Eindruck wieder. Die beschriebene Person sollte mit der Beschreibung nicht verletzt oder beleidigt werden.

Vorgehen bei der **Personenbeschreibung**:

1. Gesamterscheinung: Geschlecht, Größe, Gestalt und Bewegungen 1 ,
2. äußere Merkmale: Gesichtsform, Nase, Augen, Mund, Haare, Haut; Kleidung; besondere Kennzeichen (2 , 3 , 4),
3. Verhalten und Eigenschaften,
4. Beruf.

Die Beschreibung muss nicht vollständig sein. Anlass und Ziel bestimmen den Umfang und die Inhalte: Mit der Suchmeldung der Polizei soll eine Person gefunden werden. Die Personenbeschreibung in einem Roman charakterisiert eine Person oder erzeugt eine bestimmte Atmosphäre.

Sich selbst beschreiben – werben

Auch bei der Bewerbung wirbt man, diesmal für sich selbst. In einer Zusatzseite, der **Mich-Seite**, beschreibt man sich, den eigenen Charakter, den beruflichen Werdegang und kann so die Einstellungschancen erhöhen. Meist haben diese Seiten Überschriften wie:

- Ich über mich
- Was Sie noch über mich wissen sollten

AUFGABE

4. Ihre Freundin macht bei einem Schülerwettbewerb mit dem Motto „Wer kann – der darf" mit. Für die Bewerbung helfen Sie ihr und beschreiben sie ausführlich sowie eine besondere Fähigkeit von ihr.

5. Suchen Sie sich zu zweit ein Produkt aus, und gestalten Sie einen unterhaltenden Werbespot fürs Radio. Beschreiben Sie darin den Gegenstand.

1 Beispiel für eine Anzeige

2 Radiospot aufnehmen

3 Film drehen

Eine Werbung gestalten

Ein großes Unternehmen beauftragt eine Werbeagentur, ein neu entwickeltes Produkt mit einer großen Werbekampagne auf dem Markt einzuführen.

Die Agentur plant eine Werbung in TV-Spots, Radio-Spots und Zeitschriften. Um erfolgreich und neu zu werben, entwirft die Leitung der Agentur eine Strategie: Zunächst soll die Werbung für ähnliche Produkte untersucht und analysiert werden.

In einem zweiten Schritt wird die Werbung geplant. Dazu sind Vorüberlegungen zum Produkt notwendig: Wer ist die Käufergruppe? Welche Eigenschaften soll das Produkt dem Käufer vermitteln? Was ist an Information über das Produkt notwendig?

Zuletzt folgt die Ausführung. Wer tritt in dem Werbespot auf? Welche Sprachebene wird genutzt? Wie lange dauert der Spot? ...

AUFGABE

Ausgangssituation

Sie arbeiten in der Werbeagentur an diesem Auftrag. Bilden Sie in Ihrer Klasse drei Gruppen. Jede Gruppe bearbeitet eine andere Form der Werbung:

- Anzeige in Zeitschriften 1
- Radio-Spot 2
- TV-Spot 3

Vorbereitung

- Wählen Sie in der Gruppe ein Produkt aus, und folgen Sie den drei Schritten: Analyse, Planung, Gestaltung 4.
- Beachten Sie die Angaben für Ihre Gruppe in der Mind-Map.
- Für die Analyse suchen Sie sich eine Werbung aus dem Fernsehen, dem Radio oder einer Zeitschrift.
- Legen Sie die Käufergruppe und Produkteigenschaften fest.

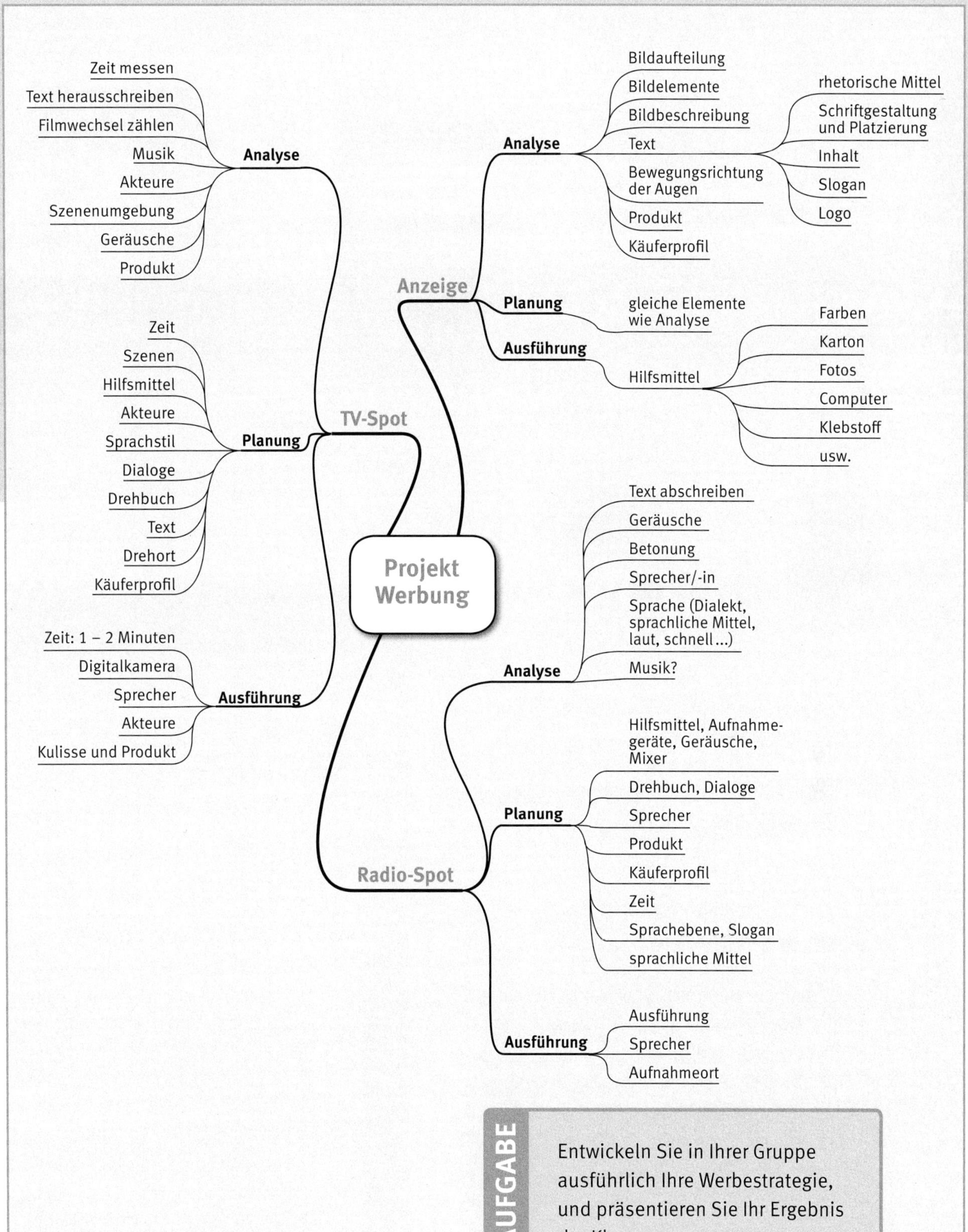

4 Mind-Map für die Durchführung des Projekts Werbung

AUFGABE

Entwickeln Sie in Ihrer Gruppe ausführlich Ihre Werbestrategie, und präsentieren Sie Ihr Ergebnis der Klasse.

+ Erstellen Sie aus dem linken Diagramm ein Säulendiagramm, dessen Werte ansteigend geordnet sind.

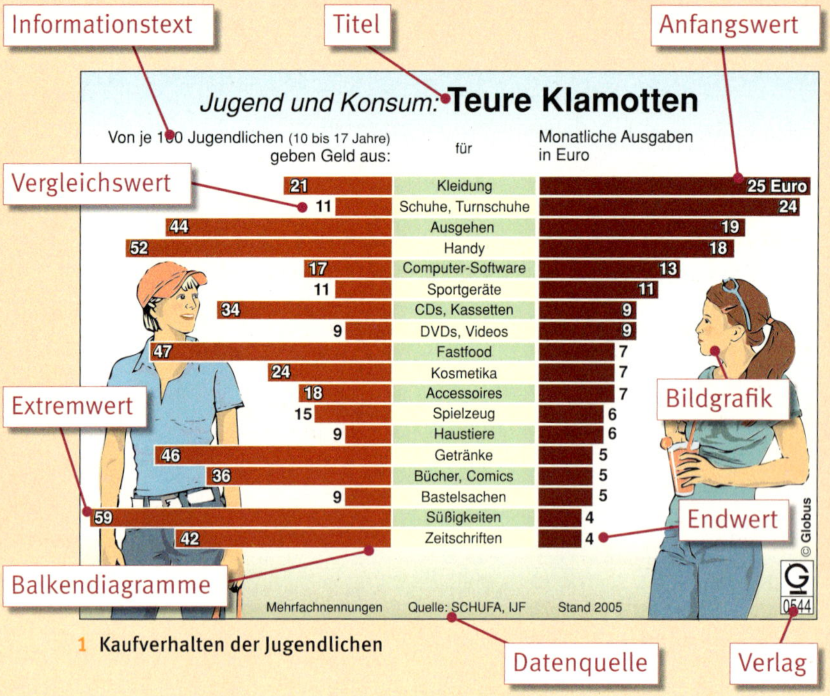

1 **Kaufverhalten der Jugendlichen**

5.2 Konsum lockt

Shoppen macht Spaß: Für 54 % der Jugendlichen ist es eine sehr beliebte Freizeitbeschäftigung. Besonders junge Frauen (59 %) genießen den Einkaufsbummel in ihrer Freizeit. Jungen bummeln zwar nicht gern (78 %), geben aber auch ihr Geld aus.

Im Jahr 2005 gaben die Jugendlichen in Deutschland insgesamt 19,8 Milliarden Euro aus. Davon flossen fast 6 Milliarden Euro in Kleidung und Handys.

Jugendliche bevorzugen Markenartikel. Die Hersteller der Markenartikel verkaufen Ideen, Haltungen, beinahe Ersatzreligionen und wollen sie in den Köpfen der Leute ansiedeln. Dass dies gelingt, beweist die Untersuchung in Tab. 1.

Werbung verwendet Jungendtrends aus Musik und Sport, und dringt sogar – z. B. durch das Sponsoring – in die Bildung ein.

Tab. 1: Können Sie sich ein Leben ohne Handy vorstellen?

Alter	Ja	Nein
14–19	34 %	66 %
20–29	40 %	60 %
30–49	65 %	35 %
50–59	77 %	23 %
60–64	83 %	17 %

AUFGABE

1. Wofür gaben die Jugendlichen im Monat am meisten Geld aus? (siehe 1)
2. Vergleichen Sie Tab. 1 mit dem Schaubild 1. Welche Art der Darstellung gefällt Ihnen besser? Begründen Sie Ihre Meinung.
3. Erstellen Sie aus Tabelle 1 ein Säulendiagramm.

Sprachbaukasten: Wo ist was?	
im Vordergrund	in der linken Bildhälfte
im Hintergrund	im unteren linken Viertel
oben – unten	am linken Bildrand
links – rechts	in der oberen Bildhälfte
in der Mitte	in der linken Ecke
darunter	über
neben	senkrecht – waagerecht

2 Sprachbaukasten

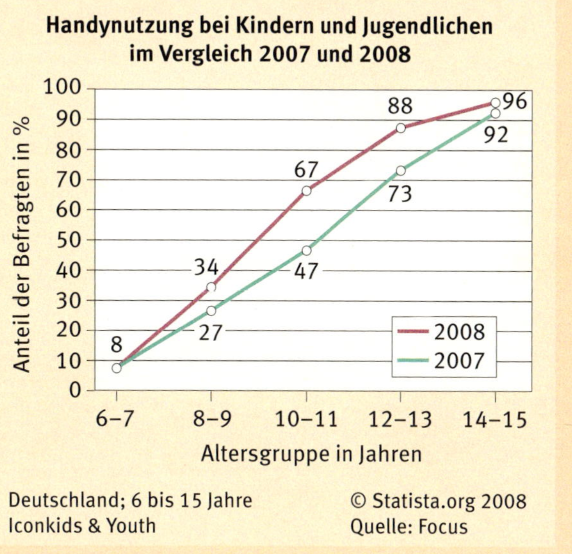

3 Handynutzung

Schaubilder beschreiben und deuten

Viele Zeitschriften und Nachrichtensendungen informieren ihre Leser oder Zuschauer mit Schaubildern. Sie bieten einen großen Vorteil gegenüber Text: In Schaubildern lassen sich Informationen knapp und übersichtlich darstellen. Einige Elemente finden sich auf den meisten Schaubildern.

AUFGABE

4. Bestimmen Sie die Elemente in dem Schaubild 3.
5. Schreiben Sie in ganzen Sätzen, wo sich diese Elemente befinden. Verwenden Sie dazu die Wörter aus dem Sprachbaukasten 2.
6. Beschreiben Sie je einen Anfangs-, Mittel- und Endwert in 1.
7. Warum geben Jugendliche so viel Geld für Kleidung, Ausgehen und Handys aus?

Gliederung einer Schaubild-Beschreibung:

Überschrift: Beschreibung

Einleitung:
- Titel, Hersteller, Quelle, Stand, Datum, Thema

Hauptteil:
Beschreibung
- Bildelemente, Zahlen, Werte. Nur wichtige Werte werden genannt. Beispiele:
  – drei Anfangswerte, ein Endwert und zwei Mittelwerte,
  – bestimmte Extremwerte,
  – stark voneinander abweichende Vergleichswerte

Erklärung, Deutung:
- vermittelte Erkenntnis, Ursachen, Folgen, Kritik am Schaubild

Schluss:
- Beurteilung, persönliche Stellungnahme

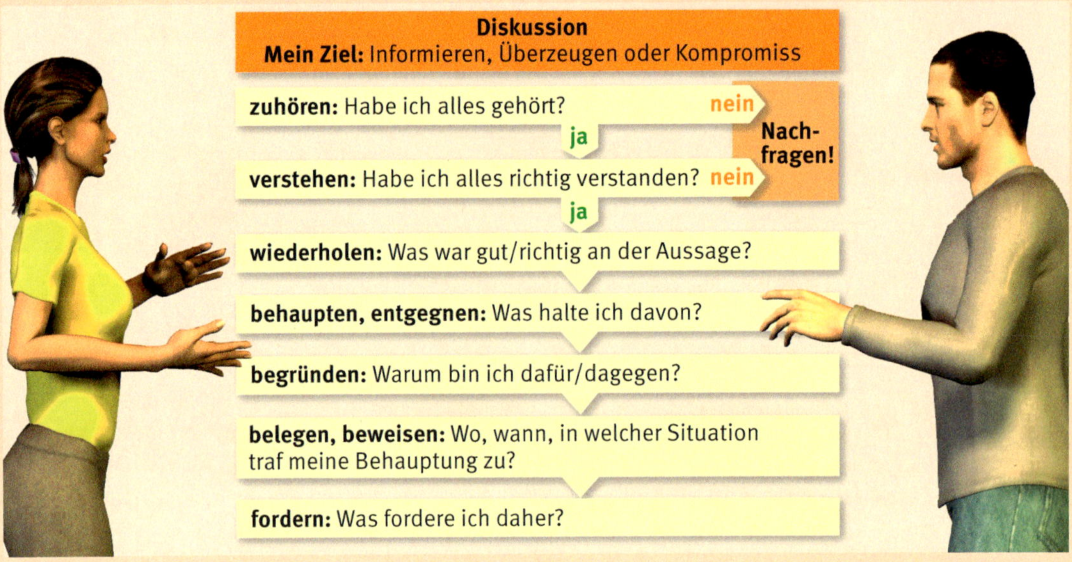

1 Diskussion

Die Konsumwelt diskutieren

Es ist schwer, sich den Verlockungen der Konsumwelt entgegenzustellen. Freunde und Mitschüler akzeptieren häufig nur denjenigen in der Clique, der den Kleidungsstil, die Gewohnheiten, die Frisur der Clique annimmt. Die coolen Markenturnschuhe versprechen dem Träger Selbstbewusstsein, Geborgenheit in der Clique, Interesse beim anderen Geschlecht.

Hierzulande feiert sich die konsumfreudige Jugend jedes Jahr auf der gesponserten Love Parade. In den USA hat sich schon längst eine Jugendbewegung gegen den Markenterror gebildet. In der Öffentlichkeit fordern dort Jugendliche: „No Logo! Raus mit den Logos aus den Köpfen." Sie wollen damit über die unmenschliche Arbeitsbedingungen der Hersteller in Billiglohnländern diskutieren.

In Diskussionen 1 wird informiert oder überzeugt. Dies gelingt nur, wenn bestimmte Regeln gelten und die Teilnehmer sie einhalten.

! Diskussionen erfordern Respekt, Toleranz und den Willen zum Zuhören.

Regeln für die Diskussion

• über das Thema informieren	• nachfragen bei Missverständnissen
• sachlicher Ton	• zuhören
• ausreden lassen	• aufeinander eingehen
• jeder kommt zu Wort	• keine Beleidigung

AUFGABE

1. Bilden Sie drei Gruppen:
   - Jugendliche, die nur Markenartikel kaufen,
   - Jugendliche, die nur No-Name-Produkte kaufen,
   - Beobachtergruppe.

   Bereiten Sie sich mit Stichwörtern auf die Diskussion vor, und diskutieren Sie.

2 **Ulis neuer Roller**

Verlockungen widerstehen

Es ist schwer, den Verlockungen der Werbung und den Anforderungen der Clique zu widerstehen. Viele erliegen den Finanzierungsangeboten der Händler. In den Prospekten kosten Laptops (auf Raten) plötzlich nur 50 €, das Auto wird für 36 Monate geleast, die Einrichtung in 24 Monatsraten abgezahlt. Außerdem versprechen Banken, dass jeder sich seine Wünsche bequem erfüllen kann.

Erst mit 18 Jahren wird man voll geschäftsfähig und darf in Raten zahlen, Schulden machen. So wird verhindert, dass Jugendliche in der Schuldenfalle landen. Erwachsene dagegen haben viele Möglichkeiten, Geld auszugeben, das sie noch nicht besitzen.

! Auch viele kleine Kredite können eine Familie finanziell ruinieren.

Werbung appelliert an Kaufwünsche, die vorher bei den Kunden untersucht wurden. Sie sollte auch über die Zahlungsbedingungen ehrlich informieren. Manchmal hilft es, sich sorgfältig zu informieren und dann – zu verzichten!

! Sprache hat verschiedene Funktionen: Sie drückt Gefühle aus, informiert und appelliert (fordert auf).

AUFGABE

Untersuchen Sie im Gespräch in 2 die drei Sprachfunktionen:

2. Was sagt Uli über sich?

3. Welche Informationen gibt er weiter?

4. Was fordert Uli?

5. Denken Sie an drei verschiedene Situationen: Schule, Diskothek und Internetchat. Schreiben Sie zu jeder Situation ein Gespräch, in dem die drei unterschiedlichen Sprachfunktionen vorkommen.

Drogenkonsum in Deutschland

Alkohol	• 9,5 Millionen Menschen trinken aus gesundheitlicher Sicht zu viel Alkohol. • 1,3 Millionen von ihnen sind abhängig. • 42 000 Menschen sterben jährlich an den Folgen des Alkohols.
Tabak	• 34 % der Erwachsenen und 18 % der Jugendlichen im Alter zwischen 12 und 17 Jahren rauchen. • 140 000 Menschen sterben jährlich an den direkten Folgen. • 3 300 Nichtraucher sterben an den Folgen des Passivrauchens.
Medikamente	• 1,4 bis 1,5 Millionen Menschen sind abhängig von Medikamenten, davon 1 Million Frauen.
Cannabis	• 600 000 Erwachsene konsumieren regelmäßig Cannabis, 220 000 von ihnen sind abhängig.
Andere illegale Drogen wie Heroin und Kokain	• 167 000 bis 198 000 Menschen sind drogenabhängig.

Quelle: Drogen- und Suchtbericht 2008

1 Drogen in Deutschland

5.3 Sucht erkennen

Der Abhängigkeit die Zähne zeigen

Fast immer beginnt Sucht mit einem „harmlosen" Ausprobieren, das verschiedene Gründe haben kann: z. B. Gruppenzwang, Neugier, Angeberei.

Neben den legalen Drogen gibt es eine Reihe von illegalen Drogen. Viele Drogen haben kurzfristig einen beglückenden Einfluss auf den Körper, der nach Wiederholung verlangt: das gewonnene Glücksspiel, das gekaufte Shirt, das Glas Bier, die Zigarette.

! Unmäßiger Genuss, der Zwang, das „Haben-Müssen" sind Anzeichen einer Sucht. Jede Sucht ist eine Krankheit.

Veränderungen bereiten vielen Menschen Probleme. Zwischen 14 und 20 Jahren gestaltet sich einiges im Leben von Jugendlichen neu. Ein neuer Freund, Auszug von zu Hause, Wechsel der Schule, Beginn einer Ausbildung – manche Jugendliche nehmen Drogen, um diese Probleme zu bewältigen.

AUFGABE

1. Warum haben Sie oder ein Freund mit dem Rauchen oder Trinken begonnen?
2. Welche Droge ist Ihrer Meinung nach die Einstiegsdroge?
3. Wann beginnt für Sie die Sucht?
4. Welche Droge fordert die meisten Opfer? (siehe 1)
5. Was kann noch süchtig machen?
6. Wie gehen Sie mit Veränderungen um?
7. Sollten illegale Drogen erlaubt werden? Begründen Sie Ihre Meinung.

Markus *Frieder Stöckle*

„Nö – wann ich das erste Bier getrunken hab, das weiß ich nicht mehr – ist ja auch egal –. Schmecken tut's halt. Und wenn ich miese Stimmung hab oder wenn Zoff zu Hause ist, dann müssen ein paar Halbe flutschen, ja?

Nein, natürlich hab ich jetzt Zeit. Keine Sorge, heute Morgen ist kein Unterricht. Der Stab feiert krank ...

Nein, das ist unser Klassenlehrer. Wär sowieso bloß Vertretung, die Mulhauser, die merkt das nicht. Da kann ich ruhig mal fehlen –.

Was heißt ‚eigenes Interesse' –? Ich hab halt keinen Bock mehr auf Schule, interessiert mich einen Dreck – ja?! Wenn's nach mir ging, ich würde die Schule schmeißen und irgendwo einen Job machen. Mäuse machen. Knete verdienen. Mit den paar Taschengeldkröten kannste kaum was zu schlucken kaufen.

Was heißt ‚wie oft' –? Kapier ich nicht –? Ach so. Wie oft ich Bier trinke –! Jetzt hab ich's geschnallt. Das ist aber auch eine blöde Frage. Ich frag' Sie ja auch nicht, wie oft Sie was essen, oder? Aber gut – wenn Sie es ganz genau wissen wollen –? Was Ihnen das bringt, ist mir allerdings schleierhaft –. In der großen Pause und in den Hohlstunden hocken einige hier im ‚Pascal'. Da nehm ich schon mal zwei, drei Halbe zur Brust – manchmal reicht es auch bloß für ein oder zwei Glas. Dafür kann sich Mama das Vesperbrot sparen. Bier ist flüssiges Brot – oder? Und nach der Schule mit der Clique drunten am Bahnhofskiosk auch noch ein Schlückchen.

AUFGABE

8. Warum trinkt Markus?
9. Sind Markus' Lehrer Vorbilder? Begründen Sie Ihre Meinung.
10. In welcher Lebenssituation ist Markus?
11. Wann und wie viel Bier trinkt Markus am Tag?
12. Wie kann Markus geholfen werden? Informieren Sie sich bei einer Suchtberatungsstelle.

KAUFSUCHT, wie ich sie euch aus meiner Sicht beschreiben kann

Sieglinde Zimmer-Fiene

Kaufsucht ist die Sehnsucht nach Liebe, Anerkennung und Respekt, die in der Kindheit und Jugend oft gefehlt hat, oft hat man den Ansprüchen der Eltern nicht entsprochen und hörte Sätze wie: „Das kannst Du ja doch nicht“.

Kaufsüchtige sind sensible Menschen, die oft zu sehr lieben, die sich wegen Alleinsein, Krankheit oder Tod eines geliebten Menschen in diese Sucht begeben. Die Sucht kommt schleichend. Die Zuneigung und Anerkennung holt man sich in den Geschäften von den Verkäufern. In diesem Moment ist man wer. Man verkauft sich sozusagen.

Irgendwann steckt man die ganze Liebe in das Kaufen, was man eigentlich im Innersten hasst, denn es nimmt einen ganz ein. Die Gedanken des Kaufens hat man täglich, stündlich, Tag und Nacht. Man wird depressiv. Das „Ich“ ist zweigeteilt. Der Engel sagt: nein, der Teufel in einem sagt: ja. Irgendwie wird man eine gespaltene Persönlichkeit. Deshalb TEUFELSKREIS.
Die erste Verurteilung. Das Versprechen aufzuhören, man gibt es sofort, es ist auch ehrlich gemeint. Das Versprechen an sich SELBST ist jeden Abend der Begleiter. Morgen, morgen hör ich auf ..., aber es geht nicht ohne Hilfe.

Die Kaufsucht ist eine Sucht, die man vor anderen versteckt, bis es nicht mehr geht. Oft wird man auch noch als unnormal hingestellt ... KRANKHEIT? SUCHT? Hilflosigkeit bei allen Betroffenen. Oft VERURTEILUNG – weshalb? BETRUG! Und dann? Was ist nach der STRAFE? Danach müssen sie clean sein! Geht die KAUFSUCHT weg vom Eingesperrt-Sein?

Die Freude des Kaufens ist ja nur einen Moment, und zwar dem Moment, in dem man das Teil fixiert hat und bekommt. Dieser Moment ist wie eine innere Explosion. Das Herz schlägt bis zum Kopf, man kommt ins Schwitzen, der Körper schmerzt, es ist alles wie benebelt, wie in Trance. Der Verstand setzt förmlich aus. Dann die Angst, es bekommt jemand mit. Die Angst vor dem Ertappt-Werden, wieder zu viel zu kaufen.
Wenn man dann die ersehnten und eigentlich nicht gewollten Sachen hat, geht es wieder los.

Fortsetzung ►

KAUFSUCHT *Fortsetzung*

Das schlechte Gewissen kommt. Wie bekomme ich es ungesehen in die Wohnung, wo verstecke ich es, dass es ja niemand findet? Die Rechnungen, Mahn- und Vollstreckungsbescheide werden versteckt. Ungeöffnet ignoriert, als ob es sie nicht gibt. Man will die Wahrheit nicht sehen und nicht hören. Der Gerichtsvollzieher gehört irgendwann zum Leben. Die Angst und das Schamgefühl, dass es Nachbarn, Eltern, Kinder, Freunde, Bekannte und Fremde mitbekommen, ist oft unerträglich.

Wenn dann alles versteckt ist, ist man von der Kaufattacke kaputt, ausgelaugt und völlig fertig. Das Schlimmste ist, dass man es wieder nicht erzählen kann. Die Nacht ist kurz und morgen geht die Sucht wieder von vorne los, denn die Gedanken lassen einen nicht mehr richtig in den Schlaf kommen.

AUFGABE

Beantworten Sie folgende Fragen mit eigenen Worten anhand des Textes:

1. Warum werden Menschen kaufsüchtig?
2. Welche Menschen sind gefährdet?
3. Wie reagieren andere auf Kaufsüchtige?
4. Wie geht es den Süchtigen, wenn sie etwas kaufen? Wie geht es ihnen danach?
5. Was sind die Folgen der Kaufsucht?
6. Sind Kaufsüchtige glücklich?
7. Vergleichen Sie die Kaufsucht mit anderen Süchten, z. B. der Drogensucht. Gibt es Ähnlichkeiten?
8. Wie kann Süchtigen geholfen werden?
9. Welche der folgenden Aussagen ist richtig:
   - Die Mahnbescheide werden geöffnet und versteckt.
   - Die Mahnbescheide bleiben ungeöffnet und werden versteckt.
   - Die Mahnbescheide bleiben ungeöffnet und werden nicht versteckt.

1 Zirkelschluss

Der kleine Prinz | **Der Säufer**

„Was machst du da?“

„Ich trinke“, sagte der Säufer mit düsterer Miene.

„Warum trinkst du?“, fragte ihn der kleine Prinz.

„Um zu vergessen“, antwortete der Säufer.

„Um was zu vergessen?“, erkundigte sich der kleine Prinz, der ihn schon bedauerte.

„Um zu vergessen, dass ich mich schäme“, gestand der Säufer und senkte den Kopf.

„Weshalb schämst du dich?“, fragte der kleine Prinz, der den Wunsch hatte, ihm zu helfen.

„Weil ich saufe!“, endete der Säufer

Stellung nehmen

Täglich werden im Beruf und im privaten Leben Meinungen, Ratschläge oder Entscheidungen verlangt. Der Gefragte muss dann Stellung beziehen. Seine **Stellungnahme** sollte gut begründet sein, um zu überzeugen.

! Begründungen (Argumente) müssen stichhaltig und logisch sein.

Argumente sind Aussagen, die die Mehrheit anerkennt, Tatsachen und Beobachtungen, Gesetze, Aussagen von Fachleuten oder Ergebnisse der Forschung.

Einzelfälle, Vorurteile, Aussagen, die nicht geprüft werden können, sowie Redewendungen sind als Argumente ungeeignet. Zirkelschlüsse 1 (Begründungen, die sich im Kreise drehen) sind keine Argumentation.

! Beweise sollten allgemein gültig sein und Beispiele die Begründungen veranschaulichen.

Behauptung (These)
Alkopops sollten nicht an Jugendliche verkauft werden,

↓

Begründung (Argument)
weil sie Jugendliche schleichend an den Alkohol gewöhnen.

↓

Beweis und Beispiel
Denn der süße Geschmack der Softdrinks aus Wodka und Fruchtsaftgetränken lässt den Alkoholgehalt von 5,5 % reinem Alkohol vergessen.

Besonders junge Jugendliche trinken schnell eine zweite Flasche und verlieren langsam ihre natürliche Abneigung gegen Alkohol. Die Forsa-Studie von 2005 belegt dies mit der steigenden Zahl von jungen Alkoholtrinkern.

2 Aufbau einer Stellungnahme (BBB-Technik)

Der Unfall *Felicitas Naumann*

Die Ereignisse überstürzten sich in der zweiten Junihälfte. Am 19. Juni, morgens, mitten im Berufsverkehr, baute Chris einen Auffahrunfall. Er war eindeutig schuld. Der Unfall passierte auf dem Ulmenplatz, einer unübersichtlichen Kreuzung, auf der Bus- und S-Bahnlinie zusammenlaufen, um ihre hastende Menschenfracht auszuladen. Wo sich alles vermengt und verknotet, wo Rucksäcke hüpfen und Aktentaschen schlenkern, wo man höllisch aufpassen muss. Besonders auf ausscherende Einzelgänger. Und einen von diesen hatte Chris zu lange aufmerksam im Blick gehabt und den vor ihm rollenden Opel zu flüchtig. Zum Glück, dachte er, zahlt die Haftpflichtversicherung die Reparatur an dem Opel. Chris schätzte den Schaden am eigenen Auto – vorausgesetzt, er käme gut dabei weg – auf ungefähr 400 Euro. Die musste er selbst bezahlen. Das war ein Schlag in die Magengegend. Den musste er erst mal verdauen, am besten mit einem Cognac, fand Chris. Der machte den Bauch warm und den Kopf so angenehm dösig, dass er vergaß, in der Werkstatt anzurufen. Trudelte erst zwei Stunden später dort ein und stieß sofort mit dem wutschäumenden Bender zusammen, der auch gleich Dampf abließ: „Ich glaub, es hackt! Schon mal was von Pünktlichkeit gehört? Wohl ein Fremdwort für dich! Weißt du, was du bist?“ Mit den Nerven am Ende, brüllte Chris zurück: „Und wissen Sie, was Sie sind? Ein Blinddarm. Ständig gereizt und eigentlich total überflüssig!“ Im Abdrehen sah er noch Benders sich zornrot verfärbendes Gesicht. Ihm war klar, das würde Folgen haben. Und wenn schon. Heute war ihm alles scheißegal. Folgen hatte der Unfall jedenfalls im Hinblick auf seinen Kontostand. Das Guthaben bei der Supra-Bank war nun verbraucht, leer gefegt, bis auf den letzten Cent.

AUFGABE

1. Warum werden die weiß unterlegten Wörter mit s, ss oder ß geschrieben? (Siehe Infokasten)

2. Was halten Sie von Chris' Verhalten nach dem Unfall? Nehmen Sie Stellung, und begründen Sie Ihre Meinung nach dem Schema „Aufbau einer Stellungnahme“ 2 .

i

Ist der Vokal kurz, folgt ein ss:
Hass, essen, Biss, Boss, Schluss.
Ist der Vokal lang, folgt ein ß:
Gruß, Straße, Floß.
Das gilt auch für die Umlaute:
Auf kurzen Umlaut folgt ss:
Nüsse, Bässe, Schlösser.
Auf langen Umlaut folgt ß:
Größe, süß, mäßig.
Auf Doppellaute und ie folgt ß:
außer, schießen, Fleiß, scheußlich.

Ich träume *Mehmet Arat*

Ich träume von einer Welt
In der alle leben können ohne Geld
Ohne Hass ohne Streit

Ich möchte leben irgendwo
Ohne Sorgen ohne Not
In einer sauberen Umwelt
Ohne Schmutz ohne Dreck

Ich möchte es erleben
Irgendwann so glücklich zu sein
Dass ich nicht mehr weinen muss

Ich möchte leben in einer Gesellschaft
Wo die Leute zärtlich zueinander sind
Und die Liebe großgeschrieben wird

Ich träume von einer Welt
In der keiner herrscht
Frei von Unterdrückung
Und ohne Klassen

Ich träume davon die Freiheit
Zu genießen
So was sie bedeutet
Und so wie sie ist

Ich träume davon
Dass meine Träume einmal Wirklichkeit
Werden

Deshalb habe ich aufgehört zu träumen
Und habe die Ärmel aufgekrempelt
Für die Verwirklichung dieser Träume
Selbst etwas zu tun

Dr. Martin Luther King: I have a dream

AUFGABE

1. Erstellen Sie eine Mind-Map zu Arats verschiedenen Träumen.
2. In der letzten Strophe setzt Arat ein Zeichen. Was beschließt er zu tun?
3. Welche seiner Träume kann er vielleicht verwirklichen?
4. Recherchieren Sie über Dr. Martin Luther King. Welchen Traum hatte er?

Manche Menschen kommen mit ihrer Welt nicht zurecht. Sie steigen aus, fliehen in die Sucht, träumen im Rausch. Träume lassen sich nicht mit Drogen verwirklichen, sondern nur dann, wenn man sie schrittweise anpackt.

i

Bestimmte **Schlüsselwörter** stehen innerhalb eines Satzes nach einem Komma, wenn Sie einen Nebensatz einleiten:

als	bevor	nachdem	ehe
dass	damit	falls	indem
ob	obwohl	weil/da	wenn
seit	bis		

Vor sondern und aber steht immer ein Komma.

i

Man schreibt das, wenn es durch welches, dieses oder ein ersetzt werden kann. Ansonsten wird es dass geschrieben.

1 **Komma, das oder dass?**

Zeichen setzen

In Träumen können gefahrlos verschiedene Lösungen für Probleme durchgespielt werden. Träume können zu Zielen werden, die sich verwirklichen lassen.

Das **Komma** erfüllt verschiedene Funktionen:

Aufzählung –
Beispiel: Träume sind fantastisch, lustig oder düster.

Trennung von Nebensätzen –
Beispiel: Während Lisa schlief, sprach sie unverständliche Sätze. Ich weiß nicht, was ich geträumt habe.

Besseres Verständnis eines Satzes –
Beispiel: Ich bitte, Marie behilflich zu sein. Ich bitte Marie, behilflich zu sein.

Wenn eine Wortgruppe oder ein Nebensatz mit und/oder verbunden sind, steht zwischen ihnen kein Komma.
Beispiel: Gestern träumte ich von Geistern und hatte dabei keine Angst. Wollt ihr noch bleiben oder nach Hause gehen?

Auch vor diesen Wörtern steht kein Komma: beziehungsweise, sowie, entweder … oder, weder … noch, sowohl … als auch.

AUFGABE

1. Schreiben Sie die Zeilen 8–15 des Gedichts „Ich träume“ ab. Setzen Sie Satzzeichen und beachten Sie die Rechtschreibung.

2. Ich ahne, dass …
Ich bemerke, dass …

Finden Sie Verben von a bis z, die einen Nebensatz mit dass einleiten.

3. Schreiben Sie fünf Sätze mit je einem der Schlüsselwörter in der Mitte des Satzes. Verwenden Sie dabei keine Satzzeichen. Tauschen Sie anschließend die Sätze miteinander aus und fügen Sie die Satzzeichen ein.

ZUSAMMENFASSUNG

Sprechen und Zuhören

- Situationsbezogenes Sprechen:
  - Kundengespräch
  - Reklamation
- Diskussion

Lesen und Schreiben, mit Medien umgehen

- Werbung
- Beschreibung von Personen
- Schaubilder und Tabellen
- Stellungnahme

Sprachregeln und Sprachgebrauch untersuchen

- s-Laute
- Sprachebenen
- Steigerung von Adjektiven
- Verwendung von als und wie
- Kommaregeln

Arbeitstechniken

- Radiobeitrag
- Film
- Plakat
- Argumentation (BBB-Technik)

Auf eigenen Füßen 6

6.1 Selbstständig sein

Verträge schließen,
Verträge kündigen:
Rechte und Pflichten

6.2 Hilfe, Überforderung!

Probleme? Probleme!
Mit Krisen und
Konflikten umgehen

6.3 Den Abschluss feiern

Jetzt kann
die Party steigen!

Berufsbildungszentrum XYZ
Regionales Berufsbildungszentrum des Kreises · Rechtsfähige Anstalt des öffentlichen Rechts

Ausbildungsvorbereitendes Jahr an der Berufsschule — Schulort: **Musterstadt**

Abschlusszeugnis

Hans Schueler

Geboren am *2.xx.19..* hat vom *1.9.20..* bis zum *31.7.20..* die *Klasse XX* für Jugendliche im Ausbildungsvorbereitenden Jahr besucht, das Ziel des Bildungsganges erreicht und nach den Bestimmungen der Berufsschulordnung des Landes den Berufsschulabschluss erworben. Die Berufsschulpflicht lebt wieder auf, wenn ein Ausbildungsverhältnis nach den Bestimmungen des Berufsbildungsgesetzes oder der Handwerksordnung begründet wird.

Leistungen

Berufsbezogener Lernbereich	**Wahlpflichtbereich**
Fachkunde	Mathematik
Fachpraxis	Deutsch
Berufsübergreifender Lernbereich	Englisch
Wirtschaft/Politik	**Bemerkungen**
Deutsch mit Schriftverkehr	
Sport/Gesundheitsförderung	
Religionsgespräch	

Schulleiter/in — Klassenlehrer/in

1 Zeugnis

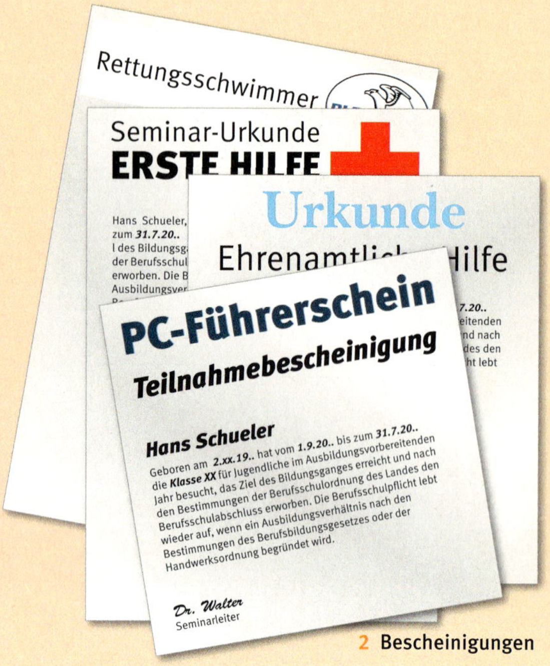

2 Bescheinigungen

6.1 Selbstständig sein

Jeder träumt davon, Geld zu verdienen, eigene Entscheidungen zu treffen. Beim Beitritt zu einem Fitnessstudio, bei einem Handyvertrag lauern Fallstricke oft im Kleingedruckten, die umgangen sein wollen. Verträge und ihre Kündigung erfordern, dass geschäftliche Briefe geschrieben werden.

Auf dem Weg in die Selbstständigkeit klappt nicht alles auf Anhieb. Es können kleine und größere Probleme auftreten, die bearbeitet werden müssen. Schmerzhafte Erfahrungen bleiben niemandem erspart, sie gehören zum Leben eines Menschen dazu. Die Frage ist, wie man mit Krisensituationen umgeht und fertig wird.

Am Ende eines Kurses lohnt es sich, Bilanz zu ziehen: Was hat der Kurs gebracht, warum wurden nicht alle Ziele erreicht?

Und dann soll richtig gefeiert werden.

Zeugnisse

Alle Zeugnisse 1, Urkunden, Zertifikate und Bescheinigungen 2, die für das berufliche Fortkommen wichtig sind, müssen gut aufbewahrt werden und dürfen nie verloren gehen. Sein Zeugnis behält man bei sich und gibt nur Kopien weiter.

Diese Nachweise werden in Klarsichthüllen verstaut und in einem gesonderten Ordner abgeheftet.

Das Gleiche gilt für Zeugnisse, die während und nach einer Ausbildung ausgestellt werden.

Jeder Arbeitnehmer bekommt ein Zeugnis, wenn er den Betrieb verlässt. Es gibt einfache Zeugnisse, die nur die Aufgaben des Arbeitnehmers und die Dauer der Beschäftigung nennen. Ein qualifiziertes Arbeitszeugnis beschreibt auch die Leistungen und das Verhalten des Arbeitnehmers. Es muss immer wohlwollend verfasst ein.

Mein Leben, das ist ein Bild
Peter-T. Schulz

Mein Leben,
das ist ein Bild,
an dem ich male.

Leute,
die kommen,
gucken sich gerne
die fertige Hälfte an. –

Ich sehe mehr die kahle.

Und bin von der Idee besessen,
hier nichts Schönes zu vergessen.

Zukunftspläne

Jeder hat für sein Leben viele Wünsche und Vorstellungen. Zum Erwachsensein gehören für viele der Führerschein und die eigene Wohnung.

An die Schulzeit schließt sich für junge Männer die Bundeswehr oder der Zivildienst an. Viele, auch junge Frauen, sammeln Erfahrungen in einem freiwilligen sozialen oder ökologischen Jahr.

Erwachsene müssen auch Verantwortung übernehmen, sie müssen mit Geld umgehen, sparen und finanziell vorsorgen. Die Frage nach dem richtigen Beruf steht an. Verträge – Arbeitsvertrag, Mietvertrag, Sparvertrag – werden geschlossen. Alles muss gründlich bedacht werden.

Neue Fragen tauchen auf, z. B.:
Wie viel Geld steht zur Verfügung?
Was muss wofür ausgegeben werden?
Wie viel kann gespart werden?
Welche Versicherung ist nötig?
Welche Nebenkosten kommen zur Miete hinzu?

AUFGABE

1. Warum sehen andere Menschen nur die fertige Seite des Lebens?
2. Wieso ist die andere Seite des Bildes kahl?
3. Wo übernehmen Sie Verantwortung für Ihr Leben?
4. Welche Möglichkeiten haben Sie selbst, Ihr Leben schön zu gestalten?

+

Schreiben Sie ein Parallelgedicht mit dem Titel:
Mein Leben, das ist ein Bild.

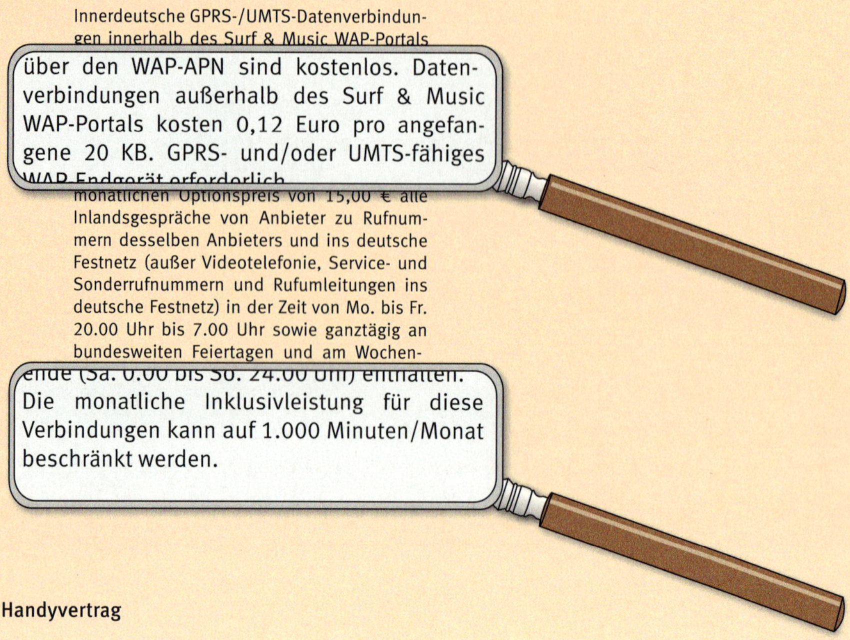
Innerdeutsche GPRS-/UMTS-Datenverbindungen innerhalb des Surf & Music WAP-Portals über den WAP-APN sind kostenlos. Datenverbindungen außerhalb des Surf & Music WAP-Portals kosten 0,12 Euro pro angefangene 20 KB. GPRS- und/oder UMTS-fähiges WAP-Endgerät erforderlich.

monatlichen Optionspreis von 15,00 € alle Inlandsgespräche von Anbieter zu Rufnummern desselben Anbieters und ins deutsche Festnetz (außer Videotelefonie, Service- und Sonderrufnummern und Rufumleitungen ins deutsche Festnetz) in der Zeit von Mo. bis Fr. 20.00 Uhr bis 7.00 Uhr sowie ganztägig an bundesweiten Feiertagen und am Wochenende (Sa. 0.00 bis So. 24.00 Uhr) enthalten. Die monatliche Inklusivleistung für diese Verbindungen kann auf 1.000 Minuten/Monat beschränkt werden.

1 Auszug aus einem Handyvertrag

Einen Handyvertrag abschließen

Ein Handy gehört zum Alltag.

Wer sein Mobiltelefon nur ab und zu benutzt, kann sich eine Prepaidkarte kaufen. Für diejenigen, die viel telefonieren oder viele SMS schreiben, empfiehlt sich ein Vertrag.
Die Prepaid-Gebühren für das einzelne Gespräch sind oft höher.
Dafür fallen bei einem Vertrag monatliche Grundgebühren an.

Ein Handyvertrag hat meistens eine Laufzeit von zwei Jahren und muss ein Vierteljahr vor seinem Ablauf gekündigt werden. Ist ein Telefon im Preis enthalten, wird das oft teurer, als das Telefon getrennt vom Vertrag zu kaufen.

Wer einen Handy-Vertrag abschließt, kann Geld und Ärger sparen, wenn er sich das Kleingedruckte 1 durchliest. Denn viele Verträge enthalten Bedingungen, die ungünstig sind.

Dies können sein:
- **Gratis-Upgrade:** In den ersten drei Monaten dürfen z. B. 250 SMS zum Preis von 100 verschickt werden. Wer zu spät kündigt, zahlt ab dem vierten Monat den vollen Preis für 250 SMS.
- **Flatrate:** Wer zu viel telefoniert, dem kann vom Anbieter gekündigt werden. Diese erleichterte Kündigung hat der Kunde nicht, wenn er zu wenig telefoniert.
- **Zweitkarte:** Der Vertrag für die zweite Karte läuft weiter, wenn die erste gekündigt wird, ein Wechsel in einen günstigeren Tarif ist nicht möglich.
- **Fristen:** Ein Angebot gilt nur für ganz kurze Zeit, danach ist der Preis wesentlich höher.
- **Werbe-Erlaubnis:** Der Kunde stimmt automatisch zu, dass er Werbung erhält.
- **Lockpreis:** Ein günstiger Preis gilt nur für wenige Monate innerhalb der Vertragslaufzeit, danach muss der Kunde wesentlich mehr bezahlen.
- **Handy-Internet:** Die Flatrate gilt nur für das Handy-Internet WAP. Ruft man normale Internetseiten auf, wird der volle Preis fällig.

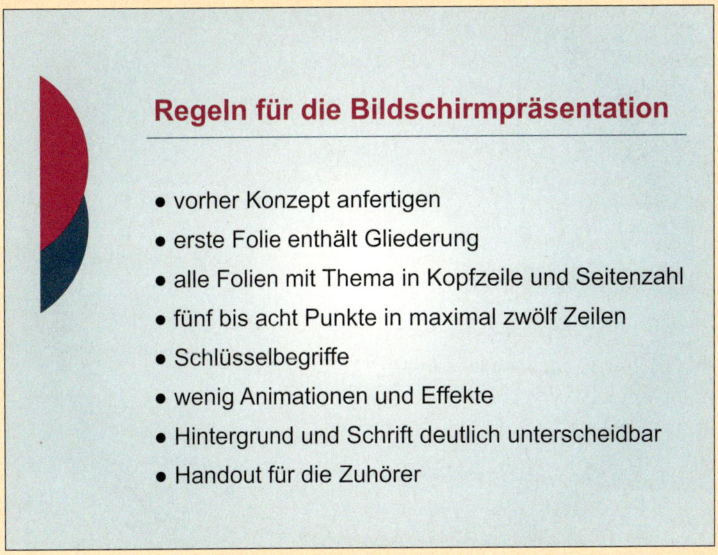

2 Präsentationsfolie

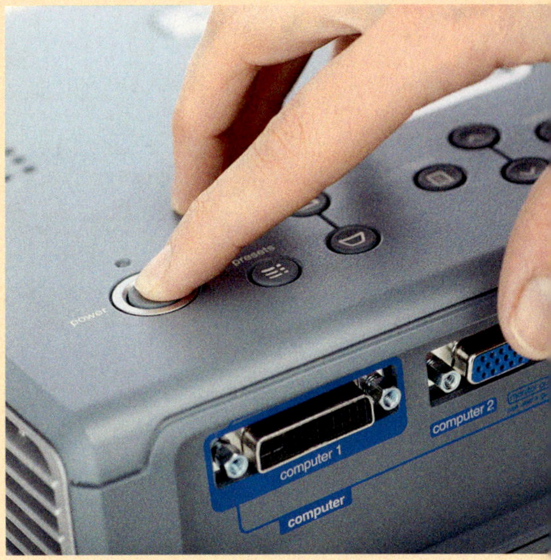

3 Vor der Präsentation den Beamer einstellen

Ergebnisse präsentieren

Eine Präsentation von Arbeitsergebnissen soll die Zuhörer interessieren und fesseln. Dabei kommt es besonders auf den Sprecher an, sein Vortrag steht im Mittelpunkt, nicht etwa die Präsentationsfolie.

Es gibt verschiedene Präsentationsmedien (siehe Seite 57). Dazu gehören die Tafel, die Flip-Chart, eine Pinnwand, eine Wandzeitung, das Plakat und die **Bildschirm-Präsentation**. Hierfür kann das Programm Powerpoint verwendet werden.

Tafel, Flipchart und Pinnwand haben den Vorteil, dass der Sprecher während seines Vortrages aktiv Ergebnisse hinzufügen kann. Eine Wandzeitung und ein Plakat können genau wie die Bildschirmpräsentation im Vorfeld ansprechend gestaltet werden.

Es muss sichergestellt werden, dass die benötigten Präsentationsmedien vorhanden und einsatzbereit sind 3.

Für eine Bildschirm-Präsentation gilt die **10-, 20-, 30-Regel**:

- Maximal 10 Folien sollen
- in höchstens 20 Minuten vorgetragen werden.
- Dabei soll die Schriftgröße 30 Punkt verwendet werden.

AUFGABE

1. Wo finden Sie die Fallen eines Handyvertrages, und wie lassen sie sich vermeiden?
2. Stellen Sie mithilfe von 2 Regeln für eine gelungene Präsentation mit dem PC auf.
3. Erarbeiten Sie eine Bildschirm-Präsentation zu dem Thema: Handyfallen.

Kündigung

Der Mieter kann jederzeit unter Einhaltung der gesetzlichen Fristen das Mietverhältnis kündigen.

Der Vermieter kann das Mietverhältnis aus wichtigem Grund ohne Einhaltung einer Kündigungsfrist kündigen, ansonsten gelten die gesetzlichen Kündigungszeiten.

Die Kündigung muss schriftlich erfolgen. Für die Rechtzeitigkeit der Kündigung kommt es nicht auf die Absendung, sondern auf den Eingang des Kündigungsschreibens an.

1 Auszug aus einem Mietvertrag

Einen Geschäftsbrief schreiben

Wenn ein Vertrag gekündigt werden soll oder etwas, das man gekauft hat, in der Qualität zu wünschen übrig lässt, schreiben auch Privatpersonen einen Geschäftsbrief.

Geschäftsbriefe heißen alle Briefe, die zwischen Geschäftspartnern ausgetauscht werden.

In ihrer Form entsprechen sie dem Anschreiben einer Bewerbung (s. Kapitel 4.2), in ihrem Inhalt unterscheiden sie sich jedoch. Geschäftsbriefe müssen klar, deutlich und freundlich formuliert sein. Die Worte bitte und danke sollen verwendet werden.

Man verwendet auch hier die Höflichkeitsformen in der Anrede und in der Grußformel; das gilt auch für Mails. Der Ansprechpartner wird nach Möglichkeit beim Namen genannt.

Es kommt auch hier auf die korrekte Rechtschreibung und Grammatik an.

Ein Stück Kuchen zum Kaffee war alt, obwohl die Verkäuferin es als frisches Stück verkauft hatte. Per Mail kann man das z. B. so **reklamieren**:

> Sehr geehrte Frau Maier,
> heute habe ich in Ihrer Filiale im City-Markt in Schöningheim ein Stück Schwarzwälder Kirschtorte gekauft.
> Beim Essen musste ich feststellen, dass sie mindestens vom Vortag war. Die Sahne war bereits angetrocknet.
> Ich habe bei Ihrer Firma noch nie solch schlechte Erfahrung gemacht und bin deshalb sehr enttäuscht, zumal mich die Verkäuferin nicht auf die Qualitätseinschränkung hingewiesen hat.
> Mit freundlichen Grüßen
> Jana Diercke

In der Regel reagieren die Angeschriebenen mit einem Ausgleich, der oft den Wert der reklamierten Ware übersteigt. Hier übersandte die angeschriebene Firma einen Gutschein für ein Brot.

Sehr geehrter Herr Meier,

zum 01.12.2010 kündige ich meinen Mietvertrag fristgemäß.

Demnächst werde ich in einer anderen Stadt arbeiten und kann deswegen die Wohnung nicht mehr behalten.

Bitte bestätigen Sie mir den Eingang der Kündigung.

Ich bedanke mich bei Ihnen für das gute Verhältnis zwischen Vermieter und Mieter.

Mit freundlichen Grüßen

Jana Diercke

2 Text eines Geschäftsbriefs

Einen Vertrag kündigen

Jeder schließt täglich Verträge. Bereits beim Kauf einer Tafel Schokolade kommt ein Kaufvertrag zustande.

Viele Verträge werden schriftlich geschlossen und gekündigt.

Arbeitsverträge, Mietverträge, Verträge mit einem Fitnessstudio oder für ein Handy müssen schriftlich und mit einer bestimmten Frist gekündigt werden. Die **Kündigung** muss auf dem Postweg erfolgen. Die **Fristen** finden sich im Kleingedruckten. Es liest sich schwer, aber die Mühe lohnt, es gründlich zu studieren.

Das Fitness-Studio ist zu teuer, oder es wird zu selten benutzt. Aber selbst dann, wenn jemand keine Lust mehr zum Gerätetraining hat, muss er für die Laufzeit – ein Jahr oder mehr – den Beitrag bezahlen und rechtzeitig kündigen. Es gibt jedoch ein Sonderkündigungsrecht bei Schwangerschaft oder Umzug in eine andere Stadt.

Bei der Kündigung von Arbeitsverträgen gelten für beide Parteien Fristen. Sie sind für Arbeitgeber und Arbeitnehmer unterschiedlich. Welche Fristen gelten, steht im Arbeitsvertrag oder ist gesetzlich geregelt.

Mietverträge 1 und Arbeitsverträge können zwar mündlich geschlossen werden, müssen aber schriftlich gekündigt werden. Der Mieter muss dabei eine Kündigungsfrist von drei Monaten einhalten, er muss also nach der Kündigung noch drei Monatsmieten zahlen.

AUFGABE

1. Wie lang ist die Kündigungsfrist für Mieter?
2. Wann muss die Kündigung 2 spätestens abgesendet werden?
3. Schreiben Sie eine Kündigung für einen Vertrag mit dem Fitness-Studio „4everfit“, Sportstraße 4 in Schöningheim. Verwenden Sie dazu die Vorlage von Seite 100.

Arbeitslos *Herbert Friedmann*

„Jetzt wollen wir Abendbrot essen“, sagte die Mutter.
„Ich muss erst Brot besorgen“, sagte Mücke.
„Beeil dich“, brummte Papa.
Bäcker Meyer auf der gegenüberliegenden Straßenseite hatte mittwochs Ruhetag. Es war die einzige Bäckerei in der Siedlung.
Mücke kaufte das Brot in dem neuen Einkaufscenter, das nur etwa hundert Meter von der Bäckerei entfernt war. Den Rückweg legte er im Laufschritt zurück.
Mama hatte Tee gekocht. Papa löffelte Thunfisch aus einer Büchse.
„Wo bleibst du denn?“, sagte er und griff nach dem Brot.
„Du weißt doch, dass ich das Zeug aus dem Supermarkt nicht mag.“
„Der Bäcker hat Ruhetag“, sagte Mücke.
„Hättest ja nach Althausen gehen können“, meinte die Mutter.
Mücke verzog das Gesicht. Von Neuhausen nach Althausen waren es drei Kilometer.
„Zeit genug hast du ja“, sagte der Vater.
Mücke setzte sich an den Tisch, riss die Plastikhülle vom Brot, schnitt sich eine Scheibe ab, belegte sie mit Leberwurst und kaute bedächtig.
Auch Papa langte zu.
„Einfach ekelhaft“, sagte er nach dem ersten Bissen.
„Jetzt ist es aber genug“, sagte die Mutter.
„Unterstütze auch noch seine Faulheit“, brummte der Vater.
Mücke war der Appetit vergangen. Wenn sie nur immer auf mir herumhacken können, dachte er.
„Ich gehe!“, sagte er schroff. „Wohin?“, fragte die Mutter.
„Weiß nicht!“, sagte Mücke. „Du bleibst!“, befahl der Vater..

6.2 Hilfe, Überforderung!

Auf dem Weg in die Selbstständigkeit, weg von zu Hause gibt es Erfahrungen, die nicht immer geradlinig in die gewünschte Richtung führen. Jeder macht sowohl positive als auch negative Erfahrungen. Falls etwas schief geht, muss man wissen, welche Wege wieder herausführen können.

Die Auseinandersetzung mit den Schwierigkeiten ist wichtig. Bei Problemen muss man hinsehen und auf keinen Fall weggucken.

AUFGABE

1. Wie beurteilen Sie die Situation in Mückes Familie?
2. Was müssten Sie zuerst beachten, wenn Sie Ihren Ausbildungsplatz verlieren?
3. Was geschieht dann mit Ihrer Krankenversicherung?
4. Wie gehen Sie vor, um möglichst schnell wieder eine Arbeit zu bekommen?

Schwanger? *Annette Weber*

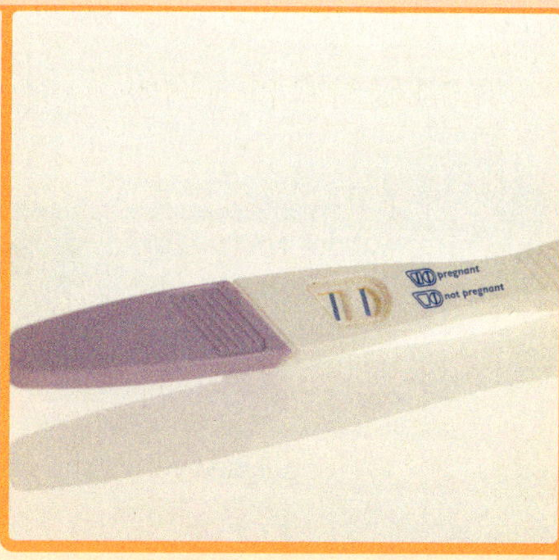

Das Frühstück verlief wie in Trance.
Laura füllte Müsli in ihre Schale.
Sie goss Milch darüber.
Sie streute Zucker dazu.
Sie rührte um.
Sie führte den Löffel zum Mund, in den Mund.
Sie schluckte.
Sie ließ das Essen den Hals runterrutschen.
Nicht würgen, dachte sie.
Nicht nachdenken, dachte sie.
Nicht auffallen, dachte sie.

Heinz saß auf dem Stuhl, auf dem früher ihr Vater saß. Er las einen Teil der Zeitung. Die Mutter daneben las den anderen Teil. Schwanger, dachte Laura. Was sie wohl sagen würde, wenn ich das jetzt erzähle. Mama, Heinz, ich muss euch was sagen. Ich bin schwanger. Von Jonas. Ich kenne ihn seit dem Stadtfest. Er ist total süß. Ich liebe ihn. Und wir werden eine glückliche Familie sein. Eine bessere Familie, als wir jetzt sind. Komisch. Was für Gedanken man doch hat, wenn man schwanger ist.

Wie Jonas wohl zu dem Kind stand? Vielleicht würde er wütend werden. Wütend und entsetzt. Vielleicht aber würde er sich freuen. Ihr sagen, dass er schon immer eine Familie haben wollte. Gut, das käme jetzt alles ein bisschen überraschend und auch ein bisschen früh, aber es wäre schon okay. Er würde sie lieben, sie würde ihn lieben.

Und dann? Tja, was dann? Heiraten, zusammenziehen, weitere Kinder kriegen? War sie verrückt geworden? Sie war 15 Jahre. Sie war schwanger.
Vielleicht.
Aber vielleicht war ja auch das Testergebnis falsch.
Vielleicht ...

In Deutschland kommen 13 Geburten pro 1000 auf Mädchen zwischen 15 und 19 Jahren, in Großbritannien 31 und in den USA sogar 52 Geburten.

Die meisten Jugendlichen glauben, viel zu wissen. Befragungen bei Jugendlichen zum Thema Sex und Verhütung zeigen immer wieder, welche falschen Vorstellungen existieren. So denken einige, dass beim ersten Mal nichts passieren kann.

In der Regel sind Mädchen zwar etwas besser aufgeklärt als Jungen, um jedoch sicher und bewusst erste sexuelle Erfahrungen machen zu können, reicht dies nicht aus. Im Falle einer Schwangerschaft kommen riesige Probleme auf die Jugendlichen zu.

AUFGABE

5. Beschreiben Sie Lauras Situation und ihre Gedanken.
6. Welchen Rat geben Sie Laura?
7. Wie werden ihre Eltern reagieren?
8. Was wissen Sie über Verhütung?

Merkt doch keiner, wenn ich schwänze

Annette Weber

Stefan kannte das genau, Der Streit ging so weiter, bis sich die Eltern wieder in den Haaren hatten. Und alles, weil das Leben so verdammt teuer geworden war.
Der Vater verlor seine Arbeit und musste als LKW-Fahrer anfangen. Zwei Stunden später saß die Mutter mit aufgesetztem Lächeln am Tisch, der Vater mit brummigem Gesicht daneben. „Hört mal“, sagte der Vater. „Wir müssen mal was mit euch besprechen. Ihr habt ja schon gemerkt, dass wir im Moment hinten und vorne nicht mehr mit dem Geld klarkommen.“
„Das war nicht zu überhören“, sagte Paul provozierend.
„Werd bloß nicht frech“, fuhr ihn sein Vater an. „Und nimm diese Kappe ab, sonst setzt es was, mein Freund.“
Paul nahm die Baseballkappe vom Kopf. Alle starrten ihn an. Ohne Kappe sahen sie ihn höchstens mal im Bad. Sonst trug er sie immer. Es störte auch niemanden. Nur der Vater meinte, in der Woche, in der er zu Hause war, seine Kinder zu gutem Benehmen erziehen zu müssen.
„Es ist nämlich so“, redete die Mutter schnell weiter. „Ich könnte bei uns im Edeka-Laden den ganzen Tag arbeiten. Also volle acht Stunden. Hilde ist doch letzte Woche gegangen. Ich könnte für sie einspringen. Für euch heißt das allerdings, viel Verantwortung zu übernehmen. Packt ihr das?“
Paul und Stefan sahen sich kurz an. Verantwortung übernehmen? Das hieß kochen und einkaufen, Kathi vom Kindergarten abholen, Hausaufgaben mit Felix machen. Und vielleicht noch vieles andere mehr.
„Du könntest dann auch auf Klassenfahrt gehen“, versuchte die Mutter, die beiden zu überreden. „Und für dich, Paul, wäre endlich mal eine E-Gitarre drin.“
Stefan und Paul sagten nichts.
Verantwortung, das hieß auch, keine LAN-Session, keine Treffen mit der Clique, kein Fußball am Schulzentrum und kein Inliner-Fahren auf der Rampe.
„Klar packen die das“, sagte der Vater. „Sind doch keine kleinen Kinder mehr.“

AUFGABE

1. Wie werden in der Familie Entscheidungen getroffen?
2. Lassen Sie die Kinder in einem Dialog mitdiskutieren.
3. Setzen Sie den Textausschnitt so fort, dass die Überschrift passt.
4. Spielen Sie die Situation am Esstisch nach. Was empfinden Sie als das eine oder andere Familienmitglied?
5. Stellen Sie diese Szene mithilfe der Anleitung als Fotostory dar.

1 Fotostory

Eine Fotostory herstellen

Um Texte besser zu verstehen, kann man Situationen nachspielen oder mit wenig Aufwand eine eigene Fotostory 1 herstellen.

Vorbereitung:

- Welche Szene(n) will ich darstellen?
- Welche Umgebung wähle ich?
- Welche Requisiten werden benötigt?
- Will ich eine Fortsetzung schreiben?
- Wie verteile ich die Rollen?

AUFGABE

6. Geben Sie der Fotoreihe eine Überschrift.
7. Spielen Sie die Bildsequenz nach.
8. Spielen Sie eine Fortsetzung, die Sie auch als Fotostory umsetzen.
9. Schreiben Sie eine neue Fotostory zu einem Thema Ihrer Wahl.

Materialien bereitstellen:

- Digitalkamera
- Fotopapier
- Drucker
- Plakatpapier
- Klebestift
- Schere
- Karteikarten
- Filzstifte
- Requisiten

Durchführung:

Spielen Sie die Situation nach und entscheiden Sie: Wie viele Bilder müssen Sie aufnehmen? Nummerieren Sie die Aufnahmen. Gestalten Sie die einzelnen Einstellungen, und fotografieren Sie diese aus verschiedenen Blickwinkeln.

Suchen Sie die passenden Bilder heraus. Drucken Sie diese aus, und kleben Sie die Bilder auf Plakatpapier. Erstellen Sie Sprechblasen (z. B. mit Karteikarten), und ordnen Sie diese den Bildern zu.

Ich habe AIDS

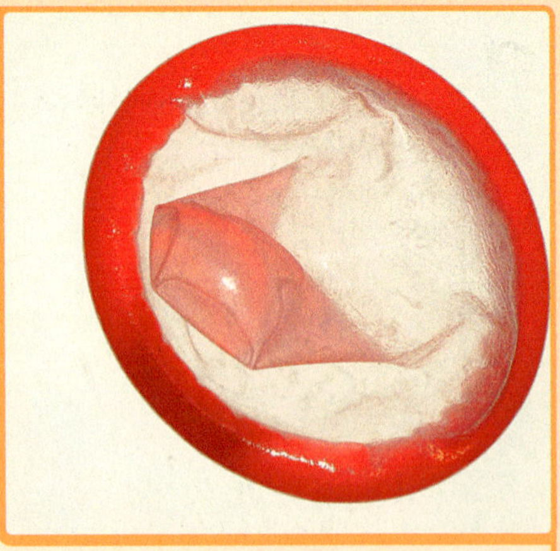

Ich werde euch jetzt mal berichten, wie ich HIV+ geworden bin.

Ich habe mich infiziert, als ich 25 Jahre alt war, vor 5 Jahren jetzt. Früher war das Leben für mich eine einzige Party, als hübsches Mädchen hatte ich viele Verehrer und es immer sehr leicht im Leben.

An einem Wochenende stand wieder mal eine riesige Party an. Ich wurde von einem guten Freund abgeholt, und wir freuten uns schon sehr auf diese Party, da ein paar Prominente erwartet wurden, und ich mich schon auf gemeinsame Fotos freute.

Auf der Party angelangt, legten wir auch schon gleich los, tranken, lachten und tanzten, gegen später lernte ich IHN kennen. Ich hatte ihn vorher nie auf irgendwelchen Partys gesehen, deswegen hatte er noch einen besonderen Reiz für mich. Er sah gut aus, war gepflegt, schien reich zu sein und noch nicht so betrunken wie der Rest der Bande. Wir knutschten wild rum und hatten jede Menge Spaß. Natürlich koksten wir auch zusammen und es war einfach nur „geil". Ich war an dem Abend besonders vollgepumpt mit Alkohol und Drogen, wusste selber nicht mehr warum. Normalerweise verhüte ich immer! Aber an dem Abend war mein Kopf woanders. Fehler!

Später gingen wir zu ihm und schliefen miteinander. Ohne Kondom. Als ich am nächsten Morgen aufwachte, war er schon weg, nur ein Zettel lag auf dem Tisch, dass ich doch einfach nur die Tür hinter mir richtig zuschließen sollte, wenn ich dann ging. Ich verfluchte mich für meine Dummheit, aber ging davon aus, dass jemand wie er nie HIV+ sein könnte!

Eines Tages schaute mein Kumpel bei mir vorbei, der anscheinend Neuigkeiten hatte. Er teilte mir mit, dass er gehört hätte, dass der Typ, mit dem ich geschlafen hätte, positiv ist. Es war erstmal ein totaler Schock für mich ...

Ich wusste zuerst nichts mehr mit mir anzufangen, obwohl ich noch gar nicht wusste, ob ich es auch hatte. Also ließ ich mich testen, und das Ergebnis war natürlich positiv.

Ich hatte richtig Panik, war völlig durch den Wind und wusste nicht weiter. Du musst dir das vorstellen, du lebst fröhlich in den Tag hinein, und dann kommt aus heiterem Himmel: aus und vorbei. Das hat mich völlig aus der Bahn geworfen und mein Leben auf den Kopf gestellt.

AUFGABE

1. Welche Ratschläge enthält der Text?
2. Recherchieren Sie, was das Leben mit AIDS bedeutet.

Die Härte des Asphalts

Sie hatte es sich anders vorgestellt, das Leben auf der Straße. Cooler irgendwie und unabhängiger. Von den Eltern, von der Schule, dem Alltagsdruck. Robin war 15 Jahre alt, als sie die Sachen packte, um ihr Leben zu ändern. Niemand zu Hause hatte ein Ohr für ihre Probleme gehabt. Die Mutter, sagt die 24-Jährige heute, habe nicht mal reagiert, als sie sich aus Protest in den Arm schnitt. Auf der Straße wollte Robin eine neue Familie finden. Doch der Asphalt war hart. „Ich habe gemerkt, was Sehnsucht ist. Ein eigenes Bett, regelmäßige Mahlzeiten, eine Dusche, ein geregelter Tagesablauf.“ Zurück ging sie nicht.

„Straßenkinder vermissen vor allem Geborgenheit“, sagt Marcus Seidel, Vorstandsvorsitzender von „Off Road Kids“. Seit Jahren schickt die Stiftung Streetworker in Großstädte, um Jugendlichen auf der Straße die Augen für neue Perspektiven zu öffnen.

Bis zu 2500 Kinder und Jugendliche landen laut Angaben der Stiftung jedes Jahr auf der Straße – oft wegen Vernachlässigung, Misshandlungen, Missbrauch. Diese Jugendlichen stammten aus allen gesellschaftlichen Schichten. In der Anonymität der Großstädte wie Berlin, Hamburg oder Köln suchen sie Schutz, finden vorübergehend Unterschlupf in Bauwagen oder leer stehenden Gebäuden.

Doch aus der vermeintlichen Freiheit wird schnell ein Überlebenskampf. Oft leben Straßenkinder vom Betteln, nicht selten auch von Diebstahl, Prostitution oder einem Zuverdienst als Drogenkurier. Meist wachse irgendwann der Wunsch nach Normalität: Sie hoffen auf einen Schulabschluss, eine Berufsausbildung, eine eigene Wohnung und Arbeit.

Robin eroberte sich ein Stück Normalität zurück: Sie zog in ein Jugendwohnheim bei Berlin. Jetzt, wo sie 60 Kilometer von ihren Eltern entfernt wohnt, ruft sie manchmal zu Hause an. Das Verhältnis, sagt sie, sei besser geworden.

Schwer ist der Weg zurück, besonders wenn Drogen im Spiel sind. Daniel (24), ein ehemaliger Obdachloser aus Aschaffenburg, brachte erst die Trennung von seiner Freundin zum Aufwachen. „Ich musste mich entscheiden – kauf ich Schnaps und was zu kiffen oder ein Zelt und einen Schlafsack?“, sagt er heute. Daniel kaufte ein Zelt und fand langsam zur Selbstständigkeit zurück. Vor vier Monaten zog er in ein Jugendwohnheim, seitdem meidet er den Kontakt zur Obdachlosen-Szene. Im Wohnheim hat er einen geregelten Tagesablauf und eine Beschäftigung. Für 1,50 Euro netto die Stunde kauft er für alte Menschen in der Nachbarschaft ein. Und gegen Langeweile hat er ein neues Mittel gefunden: Schach.

AUFGABE

3. Warum gehen Menschen auf die Straße?

4. Was bedeutet es, auf der Straße zu leben?

MfG *Die Fantastischen Vier*

Nun da sich der Vorhang der Nacht
von der Bühne hebt,
kann das Spiel beginnen, das uns
vom Drama einer Kultur berichtet.

ARD, ZDF, C&A
BRD, DDR und USA
BSE, HIV und DRK
GbR, GmbH – ihr könnt mich mal
THX, VHS und FSK
RAF, LSD und FKK
DVU, AKW und KKK
RHP, USW, LMAA
PLZ, UPS und DPD
BMX, BPM und XTC
EMI, CBS und BMG
ADAC, DLRG – ojemine
EKZ, RTL und DFB
ABS, TÜV und BMW
KMH, ICE und Eschede
PVC, FCKW – is nich o.k.
HNO, EKG und AOK
LBS, WKD und IHK
UKW, NDW und Hubert Kah
BTM, BKA, hahahaha
LTU, TNT und IRA
NTV, THW und DPA
H&M, BSB und FDH
SOS, 110 – tatütata
SED, FDJ und KDW
FAZ, BWL und FDP
EDV, IBM und www
HSV, VfB, olé olé
ABC, DAF und OMD
TM3, A&O und AEG
TUI, UVA und UVB
THC in OCB is was ich dreh

MfG – mit freundlichen Grüßen
die Welt liegt uns zu Füßen,
denn wir stehn drauf
Wir gehn drauf für ein Leben
voller Schall und Rauch
Bevor wir fallen, fallen wir lieber auf

AUFGABE

1. Wie verstehen Sie den Anfang und das Ende des Songs?
2. Klären Sie die Bedeutung der Abkürzungen. Sortieren Sie sie in einer Tabelle je nach ihrer Zugehörigkeit zu Politik, Sport, Fernsehen usw.

+

Abkürzungen sind modern. Warum? Welche Vor- und Nachteile bieten sie?

Protokollieren Sie eine Diskussion mithilfe sinnvoller Abkürzungen.

1 Freunde

2 Professionelle Hilfe

Vorgehen bei Krisen und Konflikten

Wenn ein Problem auftritt, ist es wichtig, damit nicht alleine zu sein. Meistens ist sogar mehr als eine Person daran beteiligt.

Niemand sollte denken, alle anderen seien ohne Probleme und man müsse alleine mit seinem Problem fertig werden. Oft ist es schon beruhigend, einem anderen Menschen davon erzählen zu können 1.

Bei Problemen sollte man sich an eine Vertrauensperson wenden.

Zuerst ist zu überlegen, an wen man sich vertrauensvoll wenden kann. Hier sind am wichtigsten Familienmitglieder oder Freunde, um seelische Unterstützung und Beistand zu bekommen.

Auch in der Schule gibt es Ansprechpartner wie Mitschüler, die Klassenlehrerin, Vertrauens- und Beratungslehrerinnen, Schulsozialarbeiter und Streitschlichter.

Für viele Probleme ist Rat von Spezialisten 2 nötig, an die man sich wenden oder zu denen man vermittelt werden kann. Viele Kontaktadressen oder Telefonnummern lassen sich im Internet oder in den „Gelben Seiten“, dem Telefonbranchenbuch, unter den Rubriken Bürgerservice und Beratung finden.

Professionelle Hilfe bekommt man bei Schwangerschaftskonflikten z. B. bei Pro Familia. Für Suchtprobleme gibt es die Suchthilfe, Drogenberatungsstellen oder Gesundheitsämter. Diese und die AIDS-Hilfe beraten HIV-Infizierte.

Bei finanziellen Problemen und Arbeitslosigkeit stehen die Arbeitsagentur, die Sozialzentren oder die Schuldnerberatung zur Verfügung.

Droht Gewalt in der Familie, sind Kinderschutzbund und das Frauenhaus zuständig.

Professionelle Hilfe gibt es sicher in der Nähe!

1 Bildschirm-Präsentation zum Abschluss

6.3 Den Abschluss feiern

Rückschau halten

Wer einen Lebensabschnitt beendet hat, sollte zurückblicken und sich fragen:

- Welche Ziele waren angestrebt?
- Was wurde tatsächlich geschafft?
- Warum gelang es nicht, alle Ziele zu erreichen?

So sieht jeder seine Stärken, die er weiter fördern kann, die ihn vielleicht auch in den richtigen Beruf führen. Ebenso erkennt er seine Schwächen, an denen er noch arbeiten muss. Wer sich ein Tagebuch angelegt hat (s. Kapitel 1.2), kann jetzt seine Aufzeichnungen nachlesen.

Es kann amüsant sein, bei einer Abschlussfeier die Höhepunkte des Kurses zu zeigen. Mit Fotografien und Auszügen aus dem Tagebuch lässt sich das gemeinsam Erlebte spannend und unterhaltend präsentieren.

Die Gruppe gestaltet in einem Plakat witzige Zitate, Bilder von einem Ausflug oder aus dem Unterricht. In einer Bildschirm-Präsentation 1 lassen sich außerdem Filmsequenzen und Musik einarbeiten.

AUFGABE

1. Ausgangssituation: Sie wollen für die Abschlussfeier Plakate und eine Bildschirm-Präsentation gestalten.
   - Eine Gruppe präsentiert in einer Bildschirm-Präsentation die Höhepunkte mit Filmausschnitten, Bildern, Texten und unterlegter Musik.
   - Die übrigen Gruppen gestalten Plakate. Mögliche Themen sind: Das war super!; Unsere Lehrer – jeder ein Original!; Unsere Gruppe – ein Topteam! Finden Sie witzige Ideen für weitere Plakate.

2 Abschlussfeier

☑ **Checkliste**

Nicht vergessen:

- ☑ Getränke
- ☑ Knabbergebäck
- ☑ Würstchen
- ☑ Grill
- ☑ ...

3 Checkliste

Die Abschlussfeier vorbereiten

Die Prüfungen sind abgeschlossen – jetzt kann gefeiert werden 2!

Nichts ist schlimmer als ein langweiliges Fest, bei dem jeder darauf wartet, dass etwas passiert. Daher empfiehlt es sich, die Feier gründlich vorzubereiten.

Wichtig ist die Grundversorgung: Gibt es ein gemeinsames Essen? Welche und wie viele Getränke müssen besorgt werden? Gibt es die Möglichkeit, die Getränke auf Kommission zu besorgen? Wird Besteck, werden Gläser oder Becher benötigt? Wer zahlt? Gibt es Sponsoren oder zahlt jeder einen bestimmten Betrag? Eine Checkliste hilft 3.

Auch die Raumfrage muss geklärt werden: Unterrichts- oder Partyraum? Schließlich bleibt die Frage des Programms. Wird ein Tanz vorgeführt, muss geprobt werden. Möglich sind Sketche über den Unterrichtsalltag, gespielte Witze oder Gesellschaftsspiele.

AUFGABE

Planen Sie Ihre Abschlussfeier.

2. Bilden Sie Planungsgruppen für verschiedene Bereiche:
   - Tanz
   - Sketche
   - Spiele
   - Musikzusammenstellung
   - Musikanlage, Auf- und Abbau
   - Aufräumdienst
   - Raumgestaltung

2. Jede Gruppe sammelt mittels Brainstorming Ideen, überlegt und besorgt die notwendigen Materialien, berechnet die Kosten.

3. Die Spielegruppe recherchiert im Internet oder in Fachbüchern Gesellschaftsspiele:

www.spielefuerviele.de
www.gruppenspiele-hits.de
www.spielekiste.de/archiv/

1 **Speisekarte für ein Menü**

2 **Oder ein Grillen im Freien?**

Gemeinsam kochen

Falls die Gruppe mit einer anderen Gruppe Briefkontakt hatte, kann die Feier der Abschluss sein, bei dem sich beide zum ersten Mal begegnen.

Für diese Feier sind die Vorbereitungen notwendig, die auf der Seite zuvor genannt wurden. Ein gemeinsames Essen hilft, sich an diesem Tag näher kennen zu lernen.

Im Vorfeld planen beide Gruppen die Feier. Sie erstellen das Menü und eine Einkaufsliste. Die gastgebende Gruppe besorgt die Zutaten.

Am Tag des Treffens vermischen sich die beiden und bilden Gruppen:

- Nahrungszubereitung,
- Spülgruppe, Abfallbeseitigung,
- Tischdekoration.

Die Gruppen bereiten mit Unterstützung der Lehrer das Essen gemeinsam zu und beginnen die Feier mit dem Essen an einem festlich gedeckten Tisch. Anschließend räumen die entsprechenden Gruppen den Tisch ab und spülen das Geschirr.

Jetzt kann es weitergehen. Einer der Programmpunkte ist die Bildschirm-Präsentation mit dem Rückblick.

AUFGABE

Planen und gestalten Sie ein Abschlussessen.

4. Erstellen Sie ein Menü bestehend aus Vorspeise, Hauptgang sowie einem Nachtisch.

5. Listen Sie die notwendigen Zutaten in ausreichender Menge auf.

6. Gestalten Sie für jeden eine ansprechende Speisekarte 1 und ein Tischkärtchen.

7. Besorgen Sie Geschirr, Besteck, Gläser, Tischdecken und Servietten.

ZUSAMMENFASSUNG

Sprechen und Zuhören

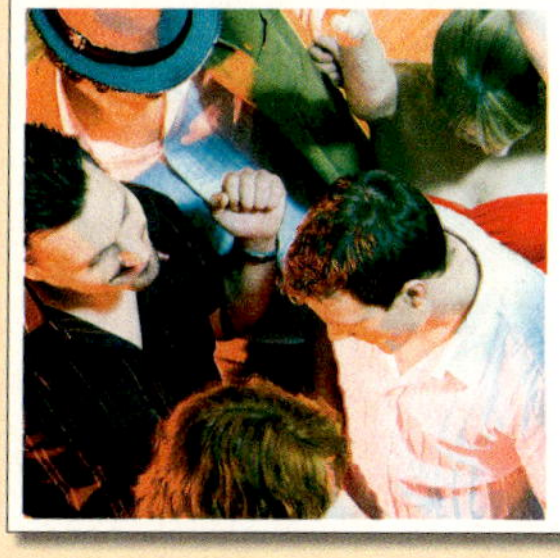

- sich mitteilen
- eine Feier planen

Lesen und Schreiben, mit Medien umgehen

- Präsentationen
- Texte erschließen
- Geschäftsbriefe
- Verträge
- Fotostory

Sprachregeln und Sprachgebrauch untersuchen

- Abkürzungen

Arbeitstechniken

- Bildschirm-Präsentation

Register

Register

Textquellenverzeichnis

Seite 11: Phil Bosmans: Vergiß die Freude nicht (1976), S. 68

Seite 14: http://www.dradio.de/dlf/sendungen/kulturheute/878029/ (21.4.2009)

Seite 15, 45: http://www.aufstieg-durch-bildung.info/de/685.php (23.4.2009)

Seite 16: Hape Kerkeling: Ich bin dann mal weg (2008), S. 11 und 14

Seite 21: mit freundlicher Genehmigung des Autors

Seite 23: http://www.udoklinger.de/Deutsch/Fabeln/Aesop.htm#Das%20Pferd%20und%20der%20Esel (30.4.2009)

Seite 24: http://arbeitsblaetter.stangl-taller.at/KOMMUNIKATION/default.shtml (29.4.2009)

Seite 35: http://www.bpb.de/methodik/J4X0OC,0,0,Anzeige_einer_Methode.html?mid=252 (30.4.2009)

Seite 40: Susanne Kilian: Träumen; aus: Hans Joachim Gelberg (Hg.): Der fliegende Robert (1977), S. 146

Seite 42: http://www.zeit.de/online/2007/37/vermisste-kinder (20.11.2008)

Seite 43: http://www.udo-lindenberg.de/er_wollte_nach_london.57895.htm (29.4.2009)

Seite 47: ami: Schwerer Abschied: Christiane Beese auf der Walz. Schleswiger Nachrichten, 10.3.2008, S. 13

Seite 51: Annette Rauert: Rund um kurze Geschichten (2005), S. 68

Seite 55: Michael Ende: Momo (1973), S. 223f., 234

Seite 58: http://gutenberg.spiegel.de/id=5&xid=1117&kapitel=5&cHash=c9c3a0dc12klugrich#gb_found (21.4.2009)

Seite 61: Wise Guys: Radio (2006), Track 4

Seite 62: Nicole Basel: Von der Hand in den Mund. DB mobil 07/2008, S. 67

Seite 65: Jonathan Swift: Gullivers Reisen (2006), S. 133f.

Seite 66 (Mehr Deutsche wandern aus): http://www.tagesschau.de/inland/migrations100.html (7.2.2009)

Seite 66 (Tabelle): http://www.wohin-auswandern.de/warum-auswandern-gruende (4.1.2009)

Seite 67: http://www.ciao.de/Alles_mit_A__Test_8423822 (7.2.2009)

Seite 71: Antoine de Saint-Exupéry: Der kleine Prinz (1956), S. 74

Seite 75: http://www.udoklinger.de/Deutsch/Fabeln/La-Fontaine.htm#Die%20Taube%20und%20die%20Ameise (29.4.2009)

Seite 76: Robert Gernhardt: Gedichte (1999), S. 178

Seite 77: Antoine de Saint-Exupéry: nach: Citadelle, The Wisdom of the Sands (1948), Abschnitt 139

Seite 78: Auf und nieder. Frankfurter Rundschau, 17.5.2008, W 2

Seite 81: Jutta Fahle, Hans Jecht, Heike Müller, Karl-Heinz Sendrowski, Waltraud Spill, Andreas Vogt: War's das? (2007), S. 350

Seite 84: Tanja Zimmermann: Total verknallt (1984), S. 119

Seite 86: Rolf Wilhelm Brednich: Pinguine in Rückenlage – Brandneue sagenhafte Geschichten von heute (2004), S. 84

Seite 87: Maxi Wander: Leben wär' eine prima Alternative. Tagebücher und Briefe. Hg. von Fred Wander. Berlin: Buchverlag Der Morgen. 1979. Darmstadt/Neuwied: Luchterhand Verlag. 1980. Frankfrurt/M.: Suhrkamp 2009. S. 46 u. 71/72. Alle Rechte Susanne Wander. Wien. (1980), S. 46 u. 71/72

Seite 89: mit freundlicher Genehmigung des Autors

Seite 105: Hans Bahrs: Die Lehrlingsprobe; aus: Haerkötter: Alternatives Lesebuch (1985), S. 27, 28

Seite 110: http://www.dfb.de/fileadmin/user_upload/2008-08/Fussball-Regeln_2008_2009.pdf (16.2.2009)

Seite 114: Jürgen Theobaldy: Die Sommertour (1983), S. 37

Seite 120: Ein Korb fürs Blechmaul. GEO 3/1989, S. 188

Seite 129: Frieder Stöckle: So leben, wie ich will (1983), S. 7

Seite 130-131: http://www.kaufsuchthilfe.de/31901.html (21.4.2009)

Seite 132: Antoine de Saint-Exupéry: Der kleine Prinz (1956), S. 42f.

Seite 133: Felicitas Naumann: Das schnelle Geld (2003), S. 84f.

Seite 134: Mehmet Arat: Ich träume, aus: Uta Biedermann, Harry Böseke, Martin Burkert (Hg.): Morgen beginnt heute (1981), S. 145

Seite 139: http://www.petertschulz.de/vita_fs.htm (21.4.2009)

Seite 144: Herbert Friedmann: Mensch, Mücke (1984), S. 8

Seite 145: Annette Weber: Aber ich bin doch selbst noch ein Kind (2005), S. 22f.

Seite 146: Annette Weber: Merkt doch keiner, wenn ich schwänze (2005), S. 13, 14–16

Seite 148: http://www.imedo.de/group/topics/show/744-meine-geschichte (16.3.2009)

Seite 149: http://www.br-online.de/bayerisches-fernsehen/suedwild/tagesthema-persoenlichkeit-und-mensch-obdachlosigkeit-ID1233061890155.xml (15.3.2009)

Seite 150: Die Fantastischen Vier: MfG (1999)

Bildquellenverzeichnis

adpic Bildagentur, Bonn: 6.2 (F. Matte), 7.1 (V. Thoermer), 7.2 (E. Wodicka), 7.4 (R. Naumann), 8.2 (W. Bulgar), 10.1 (K. Brümmer), 11.1 (B. Leitner), 12.2 (M. Dietrich), 20.2 (T. Ott), 23.1 (E. Isselee), 36.2 (K. Brümmer), 36.3 (T. Ott), 37.1 (K. Brümmer), 37.2 (E. Wodicka), 37.3 (W. Bulgar), 40.1 (R. Brenner), 42.1 (D. Schneider), 43.1 (J. Grahl), 53.1 (A. Isenegger), 57.2b (M. Benik), 57.2c (M. Dietrich), 63.1 (R. Denis), 63.2 (M. Baumann),67.1 (K. Wittfeld), 68.1 (R. Brenner), 68.2 (J. Grahl), 69.1 (B. Leitner), 69.3 (S. Redel), 84.1 (C. Schwier), 90.1 (C. Schwier), 91.1 (C. Steiner), 91.3 (P. Ramakers), 102.1 (M. Lavrenov), 104.1 (M. Baumann), 105.1 (M. Baumann), 107.5 (R. Kneschke), 111.1a (R. Rebmann), 111.1c (M. Baumann), 111.1d (K. Neudert), 112.1 (M. Baumann), 112.4 (M. Lavrenov), 113.2 (B. Leitner), 113.3 (E. Tomasi), 122.2 (E. Tomasi), 122.3 (D. Cervo), 129.1 (B. Leitner), 133.1 (B. Leitner), 135.1 (M. Rimkus), 136.2 (D. Cervo), 136.3 (M. Rimkus), 137.1 (K. Neudert), 137.2 (R. Brenner), 137.3 (G. Kaindl), 143.2 (C. Beutelstahl), 146.1 (D. Koschek), 148.1 (R. Brenner), 151.1 (K. Adler), 152.1 (Y. Arcurs), 153.2 (A. Trautmann), 154.2 (P. Ramakers), 155.1 (A. Trautmann), 155.2 (C. Beutelstahl), 155.4 (Y. Arcurs);
akg-images, Berlin: 25.1, 64.1, 72.1;
allesalltag, Hamburg: 119.6;
ANDIA.fr, F-Pacé: 131.1 (Marius);
Karen Arnold, Leipzig: 62.1;
Hermann Assmann, Bremen: 61.1;
Bernhard Wicki Gedächtnis Fonds e.V., München: 8.1, 36.4;
Bibliographisches Institut & F.A. Brockhaus AG, Mannheim: 17.1 (Duden - Die deutsche Rechtschreibung, 24., völlig neu bearbeitete und erweiterte Auflage, herausgegeben von der Dudenredaktion);
BilderBox Bildagentur GmbH, A-Thening: 142.1(Erwin Wodicka);
Bildmaschine.de, Berlin: 32.1b (Robert Kneschke), 34.1, 36.4 (Robert Kneschke);
Bundesagentur für Arbeit, Nürnberg: 151.2;
BW Bildung und Wissen Verlag und Software GmbH, Nürnberg: 93.3;
Canon Deutschland GmbH, Krefeld: 57.2a;
Corbis, Düsseldorf: 71.1 (Leslie Richard Jacobs), 78.1 (Bettmann), 96.3 (Jim Craigmyle), 134.1 (Bob Adelman);
Crossmediales Publizieren: Die Kulturhauptstadt 2010 Ein Projekt des Institut für Journalistik, Universität Dortmund: 14.1;
Deutsches Rotes Kreuz, Bonn: 122.1;
dfd Deutscher Fotodienst GmbH, Berlin: 121.alle (BUG/colourpress.com), 150.1 (Berthold Stadler);
Konrad Eyferth, Berlin: 113.1;
F1online Bildagentur, Frankfurt: 32.1a (Ojo Images), 145.1 (denkou images);
Michael J. Fabian, Hannover: 96.2;
fotolia.com, US-New York: 15.1 (mr. nico), 19.1 (chickenstock), 35.1 (dandra zuerlein), 92.1 (Arne Pastoor), 107.3 (Franz Pfluegl), 107.4 (SyB), 111.1b (nicoz), 139.1 (Fred), 141.3 (contrastwerkstatt);
Fotostudio Druwe & Polastri, Cremlingen/Weddel: 91.2, 118 (alle), 127.1, 147.1 (alle);
Getty Images, München: 27.6 (AFP), 130.1 (Jeff J. Mitchell);
Globus Infografik GmbH, Hamburg: 124.1;
Elisabeth Gräfe, Meine: 5.1;
Heinrich Deichmann-Schuhe GmbH & Co. KG, Essen: 119.5, 136.1;
Hochschule für angewandte Wissenschaften - Fachhochschule Deggendorf: 33.2;
InGestalt, Leipzig: 96.1;
Thomas Kantschew, Berlin: 80.1, 90.2;
Frank U. Kugelmeier, Attendorf: 144.1;
Claudia Litterst, Göppingen: 89.1;
Hans Löbner, Achern: 21.1;
mauritius images, Mittenwald: 24.1 (Reinhard), 64 oben (Torino);
Christine Meile, Diedorf: 132.1;
parship GmbH, Hamburg: 114.1;
picture-alliance GmbH, Frankfurt: 26.1 (Maurizio Gambarini/dpa-Fotoreport), 26.2 (Carsten Rehder/dpa-Fotoreport), 26.3 (Ernesto efe epa), 26.4 (Carsten Rehder/dpa-fotoreport), 27.5 (Photoshot), 27.7 (AFP), 28.1 (Jan-Peter_Kasper/ZB), 31.2 (Arno Burgi/dpa-Report), 47.1 (Armin Weigel/dpa-Bildarchiv), 60.1 (Jörg Carstensen), 69.2 (Frank Rumpenhorst), 86.1 (Martin Schutt/ZB-Fotoreport), 87.1 (SLUB Dresden/Dt. Fotothek/Christian Borchert), 110.1 /Achim Scheidemann), 112.3 (Achim Scheidemann), 149.1 (Silke Fokken);
Piper Verlag GmbH, München: 16.1;
plainpicture, Hamburg: Cover links (C. Stephan), Cover rechts (Johner/Lars Trangiu), 51.1 (owi);
Peter Poller, Göppingen: 31.1;
Presse Foto Design Kurt Fuchs, Erlangen: 7.3;
Sperling Info Design GmbH, Gehrden: 9.3, 10.3, 12.1, 13.3, 17.3, 20.1, 22.1, 29.2, 30.1, 38.1, 38.2, 41.1, 45.1, 46.1, 46.2, 48.1, 50.1, 52.1, 55.1, 56.1, 58.1, 66.1, 68.3, 68.4, 70.1, 73.1, 74.1, 79.1 (alle), 80.1, 82.1, 85.1, 90.3, 94.1 (alle), 95.2, 95.3, 98.1, 106.1, 106.2, 108.1, 109.2, 115.2, 116.1, 120.1, 125.3, 126.1, 128.1, 138.1, 138.2, 140.1, 141.2, 142.1 (Grafik), 152.1 (Grafik), 153.3, 154.1, 155.3;
Stadt Braunschweig, Braunschweig: 101.1 (Abteilung Geoinformation (Nr. 11 / 2009));
Stephan Floss, Dresden: 81.3;
Süddeutsche Zeitung Photo, München: 65.1;
Tierbildarchiv Angermayer, Holzkirchen: 75.1 (Pfletschinger);
ullstein bild, Berlin: 39.3a (TopFoto), 39.3b (Roger Viollet), 39.3c (Schwartz), 76.1 (Granger Collection), 88.1 (Granger Collection), 119.7 (Sylent Press);
Unilever Deutschland GmbH , Hamburg: 117.2, 136.2;
vario images, Bonn: 59.1;
VW Standortpresse, Wolfsburg: 92.2.

Trotz intensiver Nachforschungen ist es uns in manchen Fällen nicht gelungen, die Rechteinhaber zu ermitteln. Wir bitten diese, sich mit dem Verlag in Verbindung zu setzen.

Verlag und Autoren möchten den aufgeführten Firmen, Verbänden, Institutionen, Zeitschriften- und Buchverlagen sowie Einzelpersonen für ihre tatkräftige und großzügige Hilfe bei der Bereitstellung von Bild- und Informationsmaterial und ihre Beratung danken.